Le nouveau visage de la com' interne

Réflexions, méthodes et guide pour l'action

Éditions d'Organisation
Groupe Eyrolles
61, bd Saint-Germain
75240 Paris cedex 05

www.editions-organisation.com
www.editions-eyrolles.com

© Groupe Eyrolles, 2008
ISBN : 978-2-212-53986-8

Edouard Rencker

Le nouveau visage
de la com' interne

Réflexions, méthodes
et guide pour l'action

EYROLLES

Éditions d'Organisation

Remerciements

Mille mercis à tous ceux qui ont accepté et subi de longues inter-views, suivies de rigoureuses séances de relecture, malgré des agendas encombrés : Yves Agnès, Sylvie Bocognano, Bruno César, Bertrand Cizeau, Boris Eloy, Gérard Gosset, Guillaume Jouët, Evelyne Leroy, Pierre Lombard, Bruno Paillet, Dominique Turcq.

Merci à ceux sans qui cet ouvrage n'aurait vu le jour : Jeanne Bordeau, Marie-Claude Sicard et Jean-François Variot.

Merci à ceux qui m'ont aidé par le prêt de précieux documents : Laurence Beldowski, Natacha Hiolin.

Merci à l'ensemble de mes collaborateurs qui non seulement m'ont supporté pendant la rédaction de cet ouvrage, mais qui m'ont également éclairé de leurs réflexions avisées, notamment Jennifer Mahler et Matthieu Butel.

Remerciements tout particuliers à Anne Wlazlik qui, depuis des années, m'a accompagné dans la réflexion et la construction de ces convictions.

À ma compagne et mes enfants, Lucas et Anouchka, pour avoir supporté les longues soirées de rédaction.

Table des matières

REMERCIEMENTS V
INTRODUCTION 1

Chapitre 1 – De l'adjudant-chef au blogueur 5

Les nouvelles missions de la communication interne 5
20 ans d'une évolution mouvementée 8
   L'éducation : la communication interne explique
   l'entreprise 8
   La motivation : la communication interne façonne
   une image, mobilise 10
   La coopération : la communication comme facteur
   d'équilibre ? 14
   L'avènement du communautaire : vers la régulation
   d'un chaos nécessaire ? 17

Chapitre 2 – Tous les autres... plus l'enfer 23

La versatilité des stratégies 23
L'internationalisation 24
La complexité croissante des organisations 25
L'éloignement des centres de décisions 25

Le raccourcissement des cycles et la pression
croissante.. 26
Le recours de plus en plus fréquent à des « valeurs
universelles » 27
Des attentes complexes et contradictoires de la part
des salariés qui cherchent un substitut de contrat
social.. 28
    La crise politique.. 28
    La crise médiatique 29
    La crise sociale 30

Chapitre 3 – Vive les extrêmes !..................................... 33
Des objectifs de communication en mutation................. 33
La pyramide des objectifs... 35
Les objectifs d'aujourd'hui 37

Chapitre 4 – Du sens et des armes 43
Les nouvelles attentes de la communication interne...... 43
Les missions du communicant interne............................ 47
    Être un porte-parole du « pays réel » 47
    Un organisateur des discours contre le risque de surdité
    et le poids des silences 48
    Un détenteur du capital de la « parole vraie » 51
    Un garant des valeurs.. 53
    Un « facilitateur » de contradictions et un garant
    de l'équilibre... 57
    Un « pompier » anti-crise 57
    Un organisateur de l'affectif et des échanges
    symboliques.. 60
    Un soutien du management par la valorisation
    des réalisations et des bonnes pratiques......................... 60
    Un gestionnaire de l'air du temps................................. 60
Les trois fonctions primaires de la communication
interne.. 63
Les principaux facteurs de réussite................................... 64

La fin du message unique pour des salariés de plus
en plus matures 64
Le management de « vraies » valeurs d'entreprise.............. 65
Trouver un équilibre entre information
et communication 65

Chapitre 5 – Du discours et de la méthode 71
Identifier les objectifs... 72
La stratégie de l'entreprise.. 73
Les attentes et les demandes des salariés........................ 74
La confrontation avec le réel 77
Analyser et segmenter les publics concernés :
le choix des cibles... 80
La segmentation hiérarchique 80
La segmentation métiers... 81
La segmentation géographique 82
Définir une stratégie relationnelle 83
Connaître l'équilibre des forces sociales......................... 83
Trouver une « posture » relationnelle 85
Le prisme d'identité : l'entreprise a-t-elle une âme ?...... 87
Analyse de la représentation symbolique........................... 87
Le prisme d'identité : de la marque à l'entreprise.............. 93
Exemple d'un Prisme d'identité d'un magazine interne 99
La boussole stratégique de communication interne....... 102
Élaborer un plan de communication interne 103
Les 7 fonctions du plan de communication........................ 104
Les 7 étapes essentielles du plan de communication 105
Exemple de McDonald's France : comment la communication
interne cristallise l'identité française d'un géant international
du fast-food ? 120

Chapitre 6 – Éloge de l'échec.. 131
Bâtir sa stratégie sur des illusions 131
Laisser germer la langue de bois.. 132
Confondre culture d'entreprise et culte du client.......... 136

Confondre expression et communication.......................... 136

Censurer les idées 137

Complexifier les messages 138

Chapitre 7 – Je lis, donc je suis............................... 141

Une tribu, des lecteurs 141

Le sens : une expression complexe............................. 144

Le moteur d'une relation aussi puissante
que complexe.. 145

Le journal, un outil fédérateur............................... 148

Satisfaire des objectifs, c'est organiser des niveaux
de lecture spécifiques et construire un cheminement
de lecture.. 150

Parlez-moi de moi ou les subtilités des lois
de proximité 151

Organiser et animer la remontée des informations 152

Choisir ses contributeurs 154

Créer et animer un réseau de correspondants 155

Exemple des Ciments Français................................. 155

La refonte de formule d'un journal interne................... 158

Quels déclencheurs pour une refonte de formule ? 159

Comment procéder à une refonte de formule ? 161

Exemple de La Banque de France 161

Exemple de Bel : un vrai journal pour accompagner
l'expansion internationale et préserver une culture
de groupe 164

Exemple de Cetelem : cure de jouvence pour le leader
européen du crédit à la consommation......................... 170

Chapitre 8 – La fracture numérique 175

Rupture de relations 175

La vieille information est morte.............................. 177

Une révolution des modes de lecture 178

Une modification des rapports à l'information 179

Une évolution des besoins d'expression 181

Des fonctions complémentaires attribuées
aux médias 182
Une vraie fracture numérique 185
De l'information au partage des savoirs........................ 188
Soigner la complémentarité des médias........................ 189
Un principe général : la valeur d'usage............................ 190
Quelles « plus-values » éditoriales ?................................ 192
Quelle DLC (date limite de consultation) ? 193
Quels types de traitement journalistique ? 194
Quelle posture relationnelle avec le lecteur ?.................... 194
Migration d'un magazine papier sur le Net :
trois partis pris 194
Quelques principes de base.. 194
Une nécessité : soigner la lisibilité.................................. 195
Blogs, Vlogs, Mlogs ? 196
L'encyclopédie vivante de l'entreprise............................ 199
Exemple d'Audi France : quand le gentil dauphin devient
mangeur de squale…... 202

Annexes
Annexe 1 : Enquête d'opinion interne & audits
de lectorat.. 207
Choisir la bonne méthodologie 207
Forces et faiblesses des différentes méthodologies 210
Le dispositif optimum 211
Et après ?.. 212
Annexe 2 : Auto-contrôler ses publications
avec des tableaux de bord 213
Annexe 3 : Méthodologie de travail dans le cadre
d'une consultation d'agences.................... 215
Préambule.. 215
1. La consultation.. 215
2. La présentation du projet 216
3. Réponse et indemnisation 217
4. Plan de l'appel d'offres type 217

Annexe 4 : Le contrat type 222
« Définir précisément la prestation et l'étendue
des droits cédés » 222
Objet du contrat 222
Modalités de réalisation 223
Les annexes à fournir 224

BIBLIOGRAPHIE 225
INDEX 227
INDEX DES FIGURES ET DES TABLEAUX 231

Introduction

Simple « outil » de management il y a 20 ans, la communication interne est devenue en quelques années non seulement une discipline à part entière, mais également une composante indissociable d'une stratégie d'entreprise « évoluée ». Informer, mobiliser, accompagner, dépassionner, réguler, apaiser... plus aucune direction générale n'envisage une croissance sereine ou un fonctionnement équilibré d'une entreprise sans l'appui d'un service de ce que l'on appelle « com' interne ». Et, dans la plupart des grands groupes, celui-ci est désormais représenté dans les organes de décisions : comité de direction ou de pilotage, voire au fameux « Com Ex ».

Plus encore, dans une société en quête de repères, où les citoyens dénoncent pêle-mêle la faillite des politiques, l'inefficacité des instances de régulation sociale, la manipulation des médias, et où les consommateurs doutent des marques et de la publicité (les adeptes du No-Logo), la communication interne porte parfois les espoirs d'un nouveau « contrat social ». Adhésion, reconnaissance, sentiment de fierté, « utilité » sociale, quête de sens, équilibre entre des tensions... les attentes des salariés dépassent aujourd'hui le simple partage d'informations.

Conséquence, au-delà d'une « technique de communication », on demande à la communication interne « d'arrondir » ce que les organisations ont rigidifié, de relier ce que les organigrammes ont séparé, et même de « rasséréner » ceux que les discours ont « blessés ». Sans oublier, également, d'adoucir le quotidien. On ne passe pas en moyenne 40 000 heures de sa vie dans une entreprise sans attendre d'elle l'organisation de ce que certains dircom appellent le cycle « désir/bien-être ». Et qui d'autres, à part les chargés de communication, peuvent en être les organisateurs ?

Indispensable donc, la communication interne a désormais ses règles, ses rites, ses défenseurs et ses détracteurs. Pour les premiers, elle apparaît comme le seul rouage de l'entreprise, réellement à l'écoute et soucieux des salariés. Entre le « psy » et l'éducateur, le « coach » et le confident, quand le DRH (directeur des ressources humaines) apparaît, lui, comme le bras armé de directions générales toujours plus aveugles. Pour les critiques, on reproche à la com' interne son rôle parfois ambigu (pour qui « roule-t-elle » vraiment ? Salariés ou patronat ?), ses faiblesses, voire son inefficacité. « Comment mesurer la pertinence d'un plan de communication interne ? », demandait déjà, en 1947, la revue d'une des premières associations de communicants internes, l'UJJEF (Union des journaux et journalistes d'entreprise). Soixante ans après, les spécialistes en sont encore à se poser la question. Le manque d'indicateurs est tel qu'en cas de réduction de budget ou d'effectifs, les communicants internes sont incapables de défendre l'efficience de leurs outils quand leurs confrères de la pub disposent d'une batterie de ratios prouvant l'impact direct de leurs investissements sur la part de marché ! « Normal », répliquent les responsables de com' interne : « Comment mesure-t-on le sentiment d'appartenance ? Ou l'attachement à une culture d'entreprise ? Ou tout simplement le plaisir de se rendre à son travail ? »

Quant aux outils, de la presse interne qualifiée parfois avec humour de « presse patron-presse citron » aux florilèges de la langue de bois (ou de « coton »), en passant par le vide « sidéral » de certains intranets, la limite entre le pire et le meilleur est parfois extrêmement étroite. Un équilibre en tout cas périlleux sur lequel doit veiller, chaque jour, le communicant interne.

Quoi qu'il en soit, en moins de dix ans, la com' interne a opéré une formidable mutation, revu ses fondements, redessiné ses usages, redéfini ses contours et ses outils, et elle a désormais acquis ses lettres de noblesse et sa légitimité. Et tous les spécialistes estiment aujourd'hui que la communication interne, en pleine révolution, ne sera plus jamais ce qu'elle a été. La fin des grandes idéologies managériales ainsi que des anciennes certitudes économiques et sociales, les comportements « consuméristes » des salariés vont en bouleverser les champs d'application traditionnels. Certains « visionnaires » estiment même qu'aujourd'hui, on ne perçoit que 10 % des mutations que va devoir affronter la communication interne. Les nouvelles technologies et les systèmes dits « collaboratifs », où les salariés seront à la fois émetteurs et récepteurs d'informations, vont redessiner les relations entre l'information et l'entreprise. Le contrôle des contenus va profondément se modifier. Les fonctions des communicants aussi, avec des missions plus complexes, plus techniques, plus stratégiques mais aussi mieux reconnues et valorisées. Le communicant interne sera un rouage essentiel du « bien-être » et de l'intelligence en entreprise. Et pourquoi pas devenir une sorte de nouveau « héros discret » du quotidien ?

Enjeux, méthodes, outils, comment réussir (ou rater) sa communication interne ?

CHAPITRE 1

De l'adjudant-chef au blogueur

20 ans de mutations

Les nouvelles missions de la communication interne

Une certitude. Il n'existe pas, en matière de communication interne, de modèle fiable prédéfini, ni de modèle tout court. Et comme nombre d'activités liées aux sciences humaines, elle est loin de faire bon ménage avec l'exactitude et le rationalisme. Mieux, « *soumise à de multiples aléas, la communication interne est éminemment floue* », souligne Jean Rancoule, directeur de la communication interne du groupe Safran et président de l'AFCI (Association française de communication interne)[1] : « *Plus que toute autre fonction sans doute, l'écart entre le souhaitable et le réalisable y est constitutif de l'action, au point qu'il serait vain, voire nuisible, de vouloir se référer à un modèle d'action stratégique prédéfini.* » Et dans ce domaine, à Jean Rancoule de conclure : « *ne reste-t-il donc qu'à se laisser guider par l'intuition ?* ».

Pas de recette, non plus : « *Il n'y a pas de solution magique. Ni d'application technique qui fonctionne sans implication personnelle.*

---

1. AFCI, *Les Cahiers de la communication interne*, n° 6, 2000.

Ceux qui imaginent que la communication interne est une affaire de recettes seront déçus », estime pour sa part Bruno Paillet, ex-directeur de la communication du Gan et président de Conseil et Annonceurs Associés. « *La communication interne est autant affaire de savoir-faire que de savoir-être.* »

Selon Boris Eloy, directeur de la communication de Servair et président de L'UJJEF, Communication & Entreprise, elle est « indomptable » : « *La communication interne est en quelque sorte la fille naturelle de mai 68 et de l'École de Palo Alto. Et nous sommes, un peu, les héritiers des "fous du roi" : le directeur de la communication peut tout dire, doit tout dire, y compris ce qui gêne.* »

Intuition, savoir-être, logique floue, perception personnelle ! La communication interne n'aurait-elle pour contours que les seules qualités qui, justement, irritent ses détracteurs ? À savoir l'impossibilité de l'enfermer dans une logique, de la réduire à une technique mesurable, reproductible et fiable comme on les aime tant en entreprise.

La réalité est que la communication interne est un exercice délicat, subtil, changeant, adaptable, souvent intuitif mais que l'on peut (doit ?) néanmoins étayer par des « briques » de méthodologies, et un ensemble de techniques empruntées autant à la sociologie qu'au management des ressources humaines ou au journalisme (pour la hiérarchisation et le traitement des informations).

C'est l'assemblage intelligent, pertinent et surtout adapté à chaque situation de ces méthodes qui constituera en définitive une stratégie et un dispositif de communication interne. Avec une certitude : aucune vérité, aucune analyse n'est immuable. La communication interne doit évoluer aux rythmes de l'entreprise, de ses évolutions et de ceux qui y travaillent, et être « par définition une communication éponge, parfaitement perméable à l'air du temps ».[1]

---

1. Virginie Durand, *Les métiers de la communication d'entreprise*, PUF, 1999.

Raison pour laquelle ni stratégie, ni, *a fortiori*, plan de communication, ne sont « inscrits dans le marbre ». C'est souvent ce qui dérange et irrite les états-majors. Et c'est bien pourtant aux équipes de communication interne qu'incombe la construction d'un « fil rouge », l'assurance d'une continuité, d'une permanence dans une zone de turbulences. La seule « vérité » est alors celle du professionnalisme, de la rigueur intellectuelle, avec, en appui, quelques méthodologies. « *Pour que la communication d'entreprise existe et soit reconnue comme un métier à part entière* », explique Thierry Libaert, communicant et maître de conférence à l'IEP de Paris, « *il faut qu'elle repose sur un socle méthodologique incontestable* ». Et le spécialiste de conclure : « *Si la communication peut être considérée comme un objectif, elle doit être appréhendée dans l'entreprise essentiellement comme une technique apte à soutenir une dynamique de développement.* »[1] Une technicité pour exister. Un constat que partage aussi Pierre Labasse, ancien directeur de la communication interne du groupe Danone : « *La communication interne se définit comme l'ensemble des échanges – d'informations mais aussi affectifs et symboliques – qui s'établissent entre les membres d'une organisation, leur permettant de coexister et de travailler ensemble. Une activité très certainement aussi ancienne que l'entreprise. Dès que des hommes se sont trouvés réunis pour produire des biens et des services, ils ont dû échanger entre eux pour s'ajuster. La parole échangée a été – et est toujours – le premier vecteur de la communication dans les organisations.* » Car il s'agit bien d'organiser des stratégies, des informations, des échanges, des outils, mais aussi des sentiments, des impressions, des perceptions… et des rumeurs ! La communication interne doit faire le pont, constamment, entre pratique et théorie, certitude et intuition, méthode et « pifomètre ».

---

1. Thierry Libaert, *Le plan de communication*, Dunod, 2003.

20 ans d'une évolution mouvementée

L'évolution de la communication interne n'a pas été linéaire. En vingt ans, elle s'est façonnée à la faveur de différentes strates que l'on peut classer au travers de trois grandes étapes distinctes, correspondant chacune à des évolutions managériales importantes des entreprises. De l'éducation à la coopération ou de l'information interne aux partages des savoirs, la « com' interne » a fait ses propres révolutions.

L'éducation : la communication interne explique l'entreprise

Au début des années 80, les Français redécouvrent l'entreprise et surtout font « la paix » avec elle. Les tensions sociales s'estompent, les conflits sont moins violents, la « diabolisation » du capitalisme perd en intensité. C'est la fin du syllogisme entreprise = économie, économie = capitalisme, et capitalisme = exploitation de l'homme par l'homme. On admet que l'entreprise est, elle aussi, un lieu de vie.

Les nouveaux « patrons » ont la côte. L'époque est aux « gagneurs » qui font désormais la « une » des news magazines, du succès de Wonder et de Bernard Tapie, charismatique, sympathique, dynamique, estiment les Français. À la *Vie Claire*, comme chez Terraillon, il dirige lui-même ses « coups » de pub. On le voit, marchant, infatigable avec des piles dans le dos. Il incarne la nouvelle fascination pour l'entreprise et ses dirigeants.

La communication interne se contente alors simplement de décrire les rouages de l'entreprise. On s'intéresse à l'outil productif, au marketing, à l'informatique. Aux nouveaux métiers qui font « marcher » l'économie. Les « plans de com' » sont quasiment structurés sur les différentes fonctions et organisés comme un organigramme. Une étude réalisée à cette époque par l'Institut universitaire de technologie de Paris décrit « *trois objectifs principaux à une politique d'information d'entreprise : créer un sentiment d'appartenance au groupe pour consolider une meilleure cohésion des efforts, permettre à tous les membres de l'entreprise de développer leur créativité en évoquant les perspectives de l'entreprise, assurer une meilleure qualité de décision à tous les niveaux de la hiérarchie, ce qui aidera les salariés d'une entreprise à percevoir le contexte et les limites de son initiative ».* Simpliste, certes, mais réel début de réflexion.

Quoi qu'il arrive, en 1980, il s'agit d'avoir « l'esprit maison ». Les thèmes à la mode portent sur l'explication des *process*, l'amélioration du dispositif industriel, la sécurité, les prouesses techniques, les implantations géographiques, la vie des salariés (par le petit bout de la lorgnette… carnet, mariages, naissances, parfois décès), les compétences, la formation, l'innovation. Il faut « *ouvrir l'entreprise au souffle de l'innovation, aboutir à l'état de communication permanente afin qu'une idée neuve ne vienne jamais frapper l'entreprise de plein fouet : tels sont quelques-uns des enjeux de la communication interne »,* s'émerveillent alors certains communicants.

L'idée et la notion de « mondialisation » pointent également leur nez. Il ne s'agit pas encore de délocalisations mais de la naissance d'un consommateur « mondialisé ». Au forum « Travail-Expo » organisé fin 1985 au CNIT, le fameux parc d'exposition de La Défense (tout un symbole), on souligne le phénomène qui « *depuis cinq ans fait qu'un nombre croissant de peuples adoptent les mêmes habitudes de consommation, au point qu'on doit aujourd'hui compter 600 millions de consommateurs ! ».* Des consommateurs devenus, par ailleurs, « *plus exigeants devant l'embarras du choix. Le consommateur veut de la qualité totale, de l'innovation permanente, et veut avoir le produit tout de suite ».* La communication interne doit alors participer à « dynamiser l'entreprise ».

C'est également l'époque où la direction du personnel mute vers la notion, plus large, de « direction des ressources humaines ». On ne gère plus le personnel mais des individualités, des talents, des parcours, des carrières. Le profil des responsables RH change également. Les militaires en retraite (à l'époque le directeur du personnel de Bull – J.-B. Pinatel – est un ancien général de brigade) cèdent la place aux diplômés en relations humaines avec, souvent, un cursus en « psycho ». Dans la foulée, la notion de « communication interne » remplace le terme « d'information interne ». L'idée de service de communication interne pointe son nez. Ce n'est pas encore une direction autonome mais déjà une fonction identifiée.

Certaines grandes entreprises françaises se lancent également à l'assaut d'innovations médiatiques. Journal interne téléphoné, audiotel, support télématique (ce sont les débuts du Minitel et des fameux « 36-15 »), et aussi la radio. Ainsi, en 1984, l'UAP (premier assureur français à l'époque) lance la première radio locale d'entreprise. Sous l'impulsion de sa présidente, Yvette Chassagne, l'assureur équipe son siège de La Défense (3000 salariés travaillent à la Tour Assur et occupent 40 étages) d'une régie complète, d'antennes à tous les étages, et distribue des postes récepteurs (bloqués sur la bonne fréquence) à tout le monde. Radio UAP est la première initiative du genre en Europe. La « grille » ne comprend au début que trois émissions quotidiennes d'une vingtaine de minutes, qui s'enrichiront peu à peu avec des plages musicales puis des débats. Au programme : informations produits et commerciales, actualités professionnelles, vie des associations culturelles et sportives de la tour, sans oublier le carnet.

Chez Ricard, c'est l'audiovisuel qui est à l'honneur. Ricard Vidéo Actualités, c'est quatre journalistes, une documentaliste, un technicien vidéo, deux cameramen et quatre secrétaires pour un magazine mensuel de 25 minutes. Le souffle de l'innovation touche également la com' interne. Il faut faire moderne.

La motivation : la communication interne façonne une image, mobilise

Dans les années 90, stratégies et dispositifs de communication mutent et s'affinent, même si on hésite encore entre la carotte et le bâillon, l'exception ou la normalisation.

En 1992, seuls 13 % des services de communication interne des entreprises ont plus de deux ans d'ancienneté. « *La fonction reste fragile* », note un observateur de l'UDA (Union des Annonceurs) : « *à la moindre crise, elle est remise en question, et ce sont ses budgets qui sont ponctionnés en priorité* ». Néanmoins, la fonction communication interne est définitivement reconnue. « *Une nouvelle catégorie de décideurs émerge dans l'entreprise* », note l'hebdomadaire spécialisé *Stratégies* dans un dossier consacré à la com' interne et titré « Incontournable, mais encore mal perçue »[1]. Et *Stratégies* de souligner le caractère « impossible » de la « mission » : « *L'explosion de ce marché (la com' interne) a souvent lancé les entreprises sur de fausses pistes. Un discours abstrait, des hommes peu impliqués, une organisation peu adaptée expliquent le décalage entre la professionnalisation de ce métier et l'insatisfaction déclarée des salariés en matière de communication interne.* » Cependant, note l'hebdomadaire, « *la crise économique aidant, la com' interne pourrait bien enfin atteindre l'âge de raison. À l'heure des licenciements, des fusions, des rachats à répétition, elle apparaît de plus en plus incontournable* ».

Elle n'est « *ni le Saint Graal ni un gadget fin de siècle* », explique, quant à lui, Jean-Pierre Guéno, alors président de l'UJJEF, lors de l'ouverture du congrès de la FIEIA (Fédération européenne de communicants d'entreprise). « *Elle constitue, avec l'audit, l'une des disciplines du management : ni plus, ni moins. Mais à ce titre, ne révèle-t-elle pas, par ses dysfonctionnements, les faiblesses de l'entreprise, les limites de ses structures, ses imperfections ? (…) Tous et toutes nous poussent à nous demander si au-delà même de nos frontières, l'entreprise ne porte pas en elle à la fois les virus de nos sociétés malades et les anti-corps de leurs maladies.* »

Car les entreprises, effectivement, entrent dans un long cycle de crises. Parmi les thèmes à la mode, on trouve le « *ré-engeniering* » (la révision et la réécriture des *process* et des organisations fonction-

---

1. *Stratégies*, n° 837, 11 juin 1993.

nelles), la politique produit, le « zéro défaut », les programmes qualité, la nécessité d'accroître la productivité, l'« adaptation des effectifs à la production » (terme pudique pour désigner des licenciements et des fermetures de sites), la mise en valeur des équipes « gagnantes », ou encore la recherche de « passions » dans l'entreprise (avec reportages qui font les choux gras de la presse d'entreprise ; on s'extasie devant untel, conducteur d'engins la journée et chanteur d'opéra le soir, ou tel autre, attaché commercial et pêcheur à la mouche ou encore collectionneur de poupées anciennes !).

La communication interne s'adapte au discours de l'image d'une entreprise « combattante ». Il s'agit de mobiliser, de dynamiser les troupes avec un enthousiasme et un allant parfois naïf, même si certains posent alors la question : « *L'entreprise ne doit-elle être qu'une machine de guerre ? À force de tourner ses canons vers l'extérieur, ne risque-t-elle pas de les voir tôt ou tard se retourner vers elle ?* »[1]

C'est aussi l'époque de ce que Robert Tixier-Guichard et Daniel Chaize, auteurs du remarquable *Les Dircoms*[2], appellent « l'incommunication interne » avec sa « boîte à outils sans fond ». « *Elle est tellement pleine* », constatent-ils, « *que l'on n'arrive plus à la refermer. Journaux internes, lettres d'information, magazines papiers ou vidéo, revue de presse, affichage lumineux, séminaires, réunions en tout genre, pots,* happy hour *à l'américaine, groupes d'expression des salariés, cercle de qualité, groupes de progrès, trombinoscopes internes, boîtes à idées, bornes interactives... (...) En puisant avec frénésie dans la boîte à outils sans fond de la communication interne, l'entreprise poursuit un rêve lumineux... Le tout nourri par la sève régénératrice transmise par le tronc de cet arbre multimédia : le projet d'entreprise* », concluent les auteurs. « *La carotte et le bâillon : le mercenariat et l'infantilisation... Tels sont les deux outils de management les plus utilisés par des gestionnaires qui attendent pourtant le troisième millénaire pour prendre leur retraite...* »

---

1. Magazine *Entrepresse*, été 1992.
2. Robert Tixier-Guichard et Daniel Chaize, *Les Dircoms*, Seuil, 1993.

Car c'est aussi l'époque où apparaît (et dans certaines entreprises se généralise) la langue de bois, appelée « langue de coton » par François-Bernard Huyghe, « la langue qui pense pour vous[1] ». Principaux moteurs : d'un côté, les directions qui souhaitent tellement mobiliser qu'elles en oublient de parler vrai et se crispent sur un langage artificiel, formaté, et surtout sans réplique ; de l'autre, les « validateurs » (souvent l'encadrement intermédiaire), ou tout simplement les sources d'informations elles-mêmes, qui, enfermées entre le souci d'être bien « noté » et la crainte de la « gaffe », écrêtent la moindre aspérité des discours. Au-dessus, souvent, les présidents et directions générales qui cultivent un culte maladif du « secret ». Ainsi, en novembre 1989, les salariés d'American Can apprendront le rachat de leur entreprise par Péchiney par une « fuite » dans la presse économique. En 1990, ce sont ceux d'Adidas qui découvrent, médusés, le rachat de leur entreprise par Bernard Tapie en direct de la coupe du monde de football « à la télé ».

La communication interne connaît alors à la fois ses premiers revers et ses premiers signes de reconnaissance. Michel Durier, DRH du groupe Ciments Français écrit alors, dans la préface de *L'entreprise sous presse*, premier ouvrage consacré à la place du journal d'entreprise dans la communication interne : « *La communication – mot magique et galvaudé – risque de subir dans l'entreprise le sort des modes managériales qui se succèdent et se cannibalisent, provoquant le désintérêt des dirigeants et l'ironie narquoise des salariés. C'est un comble, au moment où un très grand nombre de sociétés en découvrent la nécessité, en même temps que la complexité, la vulnérabilité, les risques de perversion. Il est urgent de faire une pause dans la course au tout communicant, d'appeler un chat un chat, d'arrêter de confondre salariés et clients, propagande et politique de ressources humaines.* »[2]

---

1. François-Bernard Huyghe, *La langue de coton*, Robert Laffont, 1991.
2. Michel Durier, *L'entreprise sous presse*, Dunod, 2007.

Le magazine *Stratégies* souligne pour sa part : « *Le piège dans lequel sont tombées bien des entreprises en se bornant à un discours tenant plus de la langue de bois que de la mobilisation. Quand on parle de l'enjeu européen, par exemple, il n'est peut-être pas inutile de parler de la concurrence avec des chiffres à l'appui plutôt que se contenter de beaux discours. Et il reste encore à adapter le comportement des hommes qui, à tous les niveaux, sont en charge de sa mise en œuvre (la politique de com' interne). Or, ceux-ci apparaissent souvent comme les plus sérieux obstacles à l'instauration d'une véritable politique de communication interne.* »

La coopération : la communication comme facteur d'équilibre ?

Avec les années 2000, on passe à l'ère de la maturité. En termes d'outils, la palette et les dispositifs de communication interne s'affinent, s'adaptent aux différents publics, se segmentent en fonction des objectifs. Dans ses expressions, la com' interne est enfin « adulte ». Analyse des marchés (de plus en plus complexes et mondialisés), décodage des mutations (technologiques, organisa-tionnelles, humaines), question sur le gouvernement d'entreprise, statut du salarié actionnaire (la plupart des grandes entreprises sont cotées et ont déployé des plans d'actionnariat salarié), décryptage d'organisations de plus en plus sophistiquées, la communication interne explique moins l'entreprise qu'elle tente de faire comprendre les raisons des changements qui l'affectent, avec deux questions récurrentes : « Où va-t-on ? », et surtout « Pourquoi ? », signe d'une maturité nouvelle des acteurs de l'entreprise. D'autant que le mot « crise » se conjugue désormais au pluriel ; la crise n'est plus, comme dans les années 70, un moment extra-ordinaire de chaos, mais presque un état permanent. La communication devient un pare-feu des situations difficiles, un régulateur de tensions.

La période est également marquée par une spectaculaire maturité des salariés face aux messages de l'entreprise. Insensibles aux mots d'ordre simplistes, habiles décodeurs de la langue de bois, les « nouveaux » salariés font, à merveille, la part des choses entre une nécessaire cohésion avec l'entreprise et une adhésion naïve aux slogans pseudo-mobilisateurs. Acteurs mais pas militants, attentifs mais pas naïfs. Cette évolution des salariés ouvre également l'ère d'une communication interne plus intelligente, plus complexe, plus mûre elle aussi. « *La langue de bois, les grandes institutions ne font plus recette, pas plus que l'obéissance aveugle à l'autorité* », note Pierre Labasse, ancien directeur de la communication interne du groupe Danone.

La communication interne se découvre également une nouvelle vertu : celle d'accompagner l'indispensable passage d'une compétence individuelle à une compétence collective. Car, comme le souligne Jean-François Claude, « *La production de l'inédit (la créativité) procède désormais d'une combinaison de compétences. (...) Ce sont les valeurs partagées qui, entre autres, permettent à des collaborateurs de considérer que les situations de travail sont suffisamment légitimes pour les engager à coopérer dans un esprit constructif.* »[1] L'organisation généralisée en *business units*, en branches indépendantes, alliée à une poussée de l'individualisme au travail (alimenté par une pression permanente à réussir) a réduit le travail collectif au détriment de la créativité. À la com' interne incombe alors la mission de recréer du lien, de faire partager les expériences, de mettre en valeur les fameuses *best practices* chargées d'alimenter à la fois les idées novatrices et les échanges entre collaborateurs. Il faut « arrondir » ce que les organisations ont rigidifié, relier ce que les organigrammes ont séparé.

Et plus encore. Dans une société désabusée (perte des valeurs, disparition des idéologies et classe politique décrédibilisée) que Christophe Lambert, alors dirigeant de l'agence de publicité Publicis qualifie même de « société de la peur », l'entreprise apparaît pour

---

1. Jean-François Claude, *Le management par les valeurs*, Éditions Liaisons, 2003.

certains salariés comme un des rares lieux-refuges, une source de lien social, voire la détentrice du dernier « contrat social ». Selon lui, « *L'apparition et l'explosion d'Internet a renforcé l'isolement et la solitude de l'individu. Internet est ainsi au cœur d'un immense malentendu. Présenté comme l'outil de communication globalisée par excellence, le net consacre en fait la toute puissance du moi. Seul face à son écran, l'internaute croit avoir accès à tous les citoyens du monde comme à l'ensemble des connaissances ; il est même persuadé qu'il peut à son tour apporter sa contribution à la pensée universelle. Il ne fait que se perdre dans un écran narcissique qui a remplacé le miroir magique des contes de fées. Virtuellement relié à tous, l'individu internaute est plus que jamais seul, réellement seul* ». À cet égard, le bureau, l'usine ou l'atelier apparaissent, chaque matin, comme *le* lieu « réel » par excellence, un lieu de partage et d'échanges… humains. Pas étonnant dès lors que l'on attende beaucoup de cette communauté réelle.

Enfin, la communication interne est également imaginée (ou phantasmée ?) comme une sorte de garant du bien-être. Pour le directeur de la communication de la Sernam[1], « *Dans une entreprise où chacun passe 40 000 heures de sa vie, le cycle désir/plaisir/bien-être est fondamental. Et si c'est "normalement" au management de gérer les relations dans l'entreprise, en réalité la communication est un instrument à la fois déclencheur, accompagnateur et parfois arbitre. Le dircom force l'entreprise à écouter, à s'écouter. C'est lui qui casse le système hiérarchique et suscite le dialogue. C'est lui qui doit sentir les tensions, retarder les explosions ; c'est lui qui peut aider à graisser les rouages, qui fait des ponts entre les expériences réussies. Le "je suis informé donc je suis" ne suffit pas.* » « *On désire trouver dans sa vie professionnelle de la convivialité, des échanges, de la variété, des émotions, bref, de quoi satisfaire son affectivité* », confirme Pierre Labasse. « *Et chacun aspire*

---

1. *La Com*, Dunod, 1992.

à être reconnu comme une personne, avec ses potentialités propres, et accepte de moins en moins d'être traité comme un numéro anonyme au sein d'une catégorie socioprofessionnelle. »

L'avènement du communautaire : vers la régulation d'un chaos nécessaire ?

Une nouvelle révolution est désormais en marche : celle de l'entreprise en réseaux et de l'explosion des communautés, l'ensemble alimenté par la formidable explosion des technologies et techniques dites « collaboratives ». Pour Dominique Turcq, ancien vice-président en charge de la stratégie de Manpower, consultant spécialiste en management et président fondateur du cabinet de conseil Boostzone, « *Un mouvement de fond spectaculaire est en train de naître dans les entreprises : le regroupement des minorités et le tissage de nouveaux liens.* » Deux phénomènes qui vont bouleverser toutes les théories managériales traditionnelles. « *Les salariés, organisés en communautés affectives (par métiers, par sites, par affinités, par catégories socioculturelles) vont tisser des liens transverses qui vont faire voler en éclats les systèmes tant hiérarchiques que matriciels. Pour une raison simple : la perméabilité des réseaux. Un informaticien va communiquer avec un marketeur qui va se lier avec un comptable, qui lui-même échangera avec un chercheur ou une assistante. Chez Danone, par exemple, co-existent déjà plus de cent communautés. Aux États-Unis, certains grands groupes comme IBM en comptent près de cinq cents ! Et toutes ces communautés communiquent et se croisent. C'est un nouveau management de la création de valeurs qui va impacter la R&D, le marketing, les RH et, évidemment, la communication interne. Conséquence : celle-ci ne sera plus jamais ce qu'elle a été. Nous sommes en train de passer du "one to many" à l'ère du "many to many". L'apparition des blogs, puis des agrégats de blogs qui refont des synthèses de blogs (mouvement que nul ne peut désormais freiner), va faire exploser la communication interne "top-down".* »

Il faut dès lors inventer un autre mot, un autre concept. « *Peut-être celui de régulation ?* », estime Dominique Turcq. « *Les directions de la communication devront assurer les fonctions d'un champ magnétique, c'est-à-dire trouver un sens commun à un apparent désordre entre liberté et chaos. À la manière d'un aimant sous de la limaille. À la loupe, c'est un fatras, et pourtant, vues de haut, toutes les paillettes vont dans le même sens. Au début, il y aura certainement des dérives terribles, mais peu à peu un sens commun s'organisera. »*

Car, dès lors, se pose une question épineuse : qui sera garante de la parole de l'entreprise ? Du partage des données communes ? Et surtout de la fiabilité de l'information ? À la (trop ?) organisée communication de l'entreprise, ne va-t-il pas se substituer le cafouillage d'une Babel ingérable ?

« Effectivement, un des problèmes des blogs aujourd'hui est la fiabilité de l'information qu'ils publient. Mais on constate aussi qu'il y en a de plus raisonnables que d'autres. Avec le temps, c'est la crédibilité de l'information qui sera recherchée et appréciée. Une sorte de nouveau business modèle de l'information va émerger. La vraie question est : quelle sera la bonne source d'informations demain ? Là, nous verrons l'apparition de ce que j'appelle des "héros discrets", c'est-à-dire des publicateurs modérés, raisonnés, des facilitateurs de communication. Il en ira de même avec les communautés et les blogs d'entreprise. Certains auront plus de crédibilités que d'autres. »

Quelle devra être alors la fonction de la communication interne ? *« La recherche d'un équilibre, entre des forces contradictoires, l'organisation intelligente d'un système a* priori *chaotique. Et pour s'assurer que les fondements communs de l'entreprise sont bien partagés, la communication devra s'appuyer sur des ancrages forts comme une "vraie" culture d'entreprise, des valeurs (en cohérence avec les tendances sociales du moment, comme par exemple, aujourd'hui, le retour d'un certain paternalisme), et, surtout, une rigueur implacable sur la qualité et la fiabilité de l'information. Des faits (avérés), des chiffres (certifiés), un bilan social (sincère), des prises de paroles (honnêtes)… et la mort de la langue de bois. C'est là que le système d'informations doit rejoindre le* knowledge management. *Nous sommes en train de créer une culture transversale* dans l'entreprise. Et si cette dernière n'accompagne pas le mouvement, cela se fera sans elle ! C'est, en quelque sorte, la fin des grandes idéologies managériales et sociales. L'entreprise devient interactive. Dernier exemple en date, Sun et IBM ont déjà créé leurs propres "îles privées" au sein de la communauté virtuelle Second Life. Des espaces réservés à leurs salariés, mais à l'extérieur de l'entreprise. C'est autant de la communication externe qu'interne. Le potentiel est énorme. On y trouve tout type de médias : des données, des images, de la vidéo, etc. Ce qui est en jeu, c'est la création d'un imaginaire d'entreprise. Là, la direction de l'entreprise se réapproprie la gestion de son espace, mais un espace communautaire de liberté. »

Un phénomène que Gérard Gosset, directeur adjoint DRH du groupe Italcementi et DRH de Ciments Français estime « probable », l'apparition d'un éventuel « communautarisme » dans l'entreprise étant le résultat d'un des plus étonnants paradoxes des évolutions managériales de ces dernières années. « Dans les années 80, explique le DRH, nous étions tous dans l'état d'esprit "Small is Beautifull", et nous pensions que le développement des technologies telles que les micro-ordinateurs, les systèmes de gestion informatisés, les ERP, allaient, en rapprochant les salariés des sources d'informations, à la fois abolir les distances (donc créer de la proximité) et offrir davantage d'autonomie. Et la mise en réseau de l'entreprise devait permettre aux salariés de mieux communiquer, de participer davantage aux décisions, d'avoir des outils favorisant l'autonomie. Aujourd'hui, on s'aperçoit que les résultats sont inverses : la centralisation et l'uniformisation extrême que les grands systèmes d'informations ont générées sont vecteurs d'une dépossession des capacités d'autonomie des salariés. Et la généralisation des normes et des pratiques (de la standardisation des notes internes à l'uniformisation du reporting) a amené une standardisation des comportements. Or, nous savons qu'à chaque fois que des salariés perçoivent l'organisation comme trop contraignante, on voit surgir des initiatives individuelles, comme un système de résistance. Je ne serais donc pas surpris que l'on voit apparaître le développement de micro-communautés spontanées, non organisées. Le rôle du DRH sera alors d'organiser cet *apparent désordre. Et surtout de trouver un équilibre entre centralisme et autonomie. Par exemple, savoir identifier et faire remonter les* best practices *sans tomber dans la tentation, après, de les imposer à tout le monde. Toutes les organisations ont une fascination pour la perfection. Mais quand un système est parfait, il est bloqué. Les changements ont toujours été initiés par des" incidents" de parcours. »*

La communication interne comme gestionnaire du chaos et régulateur du collectif dans l'entreprise : on est effectivement très loin de « l'information d'entreprise » au service du management !

La communication interne : un poids lourd dans la communication des entreprises !

La communication interne, combien de divisions ? C'est pour répondre à cette question que l'UJJEF Communication & Entreprise, première association française consacrée à la communication *corporate*, a lancé en 2002 une vaste étude menée par l'institut CSA. Jamais jusqu'alors les acteurs ne s'étaient interrogés sur leur « poids économique » et leur impact dans la société. L'étude comprenait deux volets : le premier auprès des « récepteurs », à savoir un échantillon de 1 973 personnes représentatives des 47 millions de Français âgés de 15 ans et plus. Le second, auprès des « émetteurs » (en se concentrant sur les entreprises et les collectivités de plus de 500 salariés), afin d'évaluer à la fois le budget, les effectifs et le nombre de supports édités (papier et électroniques).

Les résultats côté récepteurs sont les suivants : 48 % des Français ont accès à un magazine ou à un journal interne (soit 22 838 000 personnes), 33 % se déclarent lecteurs réguliers (7 537 000 lecteurs), 11 % (5 233 000) ont accès à un intranet (mais seuls 3 700 000 disent le consulter fréquemment), et 7 % (3 330 000) reçoivent également un e-magazine (*via* une messagerie ou un intranet). Les profils sont plutôt homogènes, à savoir : 25 % des lecteurs réguliers sont des cadres supérieurs, 28 % des professions intermédiaires et 26 % des employés. Les ouvriers représentent quant à eux 12 %, et les retraités, 6 %.

.../...

— …/… —

Côté émetteurs, 77 % des entreprises déclaraient diffuser au moins un support à destination des salariés, 82 % avoir déployé un intranet, et 76 % organiser des conventions internes. Mieux encore, le décompte du nombre moyen de chacun des supports donnait la moyenne de 14 journaux, magazines, lettres-papier par entreprise et pas moins de 2 intranets ! De quoi faire conclure aux auteurs de l'étude : « *Celle-ci montre que les efforts faits par les grandes entreprises pour toucher et fidéliser leur public ne restent pas lettre morte et que ces différentes publications génèrent des lecteurs dans la mesure où leur format reste encore traditionnel et d'un accès facile.* »

L'UJJEF, Communication & Entreprise, regroupe en 2006 plus de 1 300 adhérents représentant trois « collèges », annonceurs, agences et indépendants. C'est, en termes d'effectifs, la première association de communicants en France.

CHAPITRE 2

Tous les autres... plus l'enfer

Des missions de plus en plus complexes

Ces bouleversements successifs et l'évolution des motivations des salariés ont pour conséquence une complexification constante des missions de la communication interne. Aux attentes de lien et de social (au sens de « faire société »), de nombreux facteurs rendent la fonction de plus en plus difficile : des directions générales « girouettes », des organisations matricielles « illisibles », des pressions accrues au travail, l'exigence du temps réel... L'enfer du salarié (et par capillarité des services de communication interne), c'est bien les « Autres ». Parmi les principaux défis, on peut citer sept constats majeurs.

La versatilité des stratégies

Dus aux mutations de plus en plus rapides des entreprises et aux accélérations de la mondialisation, les changements successifs de stratégie mettent les salariés dans une situation de transition permanente, avec un sentiment souvent anxiogène que rien n'est jamais acquis. Et si les directions d'entreprises se félicitent d'une capacité d'adaptation permanente, les salariés ne perçoivent souvent qu'une immense versatilité.

L'internationalisation

La nécessité de s'adresser aux consommateurs de la planète et de plaire à tous, ainsi que le brassage des cultures de salariés dispersés sur cinq continents diluent les valeurs de référence des entreprises.

Le paradis des uns est l'enfer des autres. Pour exemple, une étude menée par un grand groupe pétrolier français auprès de ses salariés étrangers sur leurs perceptions des Français de la maison-mère conduisait à une série de stéréotypes plutôt édifiants : pour les Allemands, les Français sont des gens prétentieux désinvoltes mais débrouillards et avec un indéniable savoir-vivre. Pour les Anglais, il représentent des collègues nationalistes, chauvins, intransi-geants, assistés, polis et sans humour. Pour les Espagnols, ce sont des prétentieux, des couche-tôt, des hypocrites, des malpolis, mais ils sont travailleurs. Pour les Finlandais, ils sont xénophobes, méprisants, chauvins, courtois, romantiques, mais bons vivants. Et pour les Russes, ils sont bavards, contents d'eux, paresseux mais cultivés, sympathiques, intelligents et débrouillards. De quoi donner des cauchemars aux DRH ou aux responsables de communi-cation chargés de produire du sens et d'entretenir un sentiment d'appartenance !

Et l'étude de conclure, l'employé multinational du « désastre » a : la précision d'un Italien, la générosité d'un Hollandais, l'humilité d'un Français, le charme d'un Allemand, l'habileté linguistique d'un Américain, le mot pour rire d'un Scandinave, la gaieté d'un Suisse, la ponctualité d'un Espagnol. Dans le même ordre d'idée, un article du journal *Le Monde* (14 mars 2006) consacré au « patrio-tisme des groupes sans frontière » intitulé « La culture managériale s'exporte mal » rapportait les affres d'un groupe français implanté dans 70 pays qui, soucieux de cohérence interne, avait publié, dans toutes les langues, un « principe d'actions communes ». Par exemple, au chapitre des objectifs du groupe, les Français pouvaient lire « être le meilleur et être le principal fournisseur de nos clients », les anglophones avaient droit à « être le meilleur en étant le principal fournisseur de nos clients », quant à l'Arabe, la traduction édictait « être le meilleur pour être le principal fournisseur ». « *Là où la version américaine instrumentalise la relation avec le client*, souligne le quotidien, *la version française juxtapose prudemment les deux objectifs, alors que la version arabe inverse le raisonnement américain.* » Et les écarts étaient aussi « subtils » que nombreux : « *Our people* » pour désigner ce que le texte français appelle moins emphatiquement « le personnel », etc. Des subtilités linguistiques qui font le quotidien (et la saveur) des communicants internes.

La complexité croissante des organisations

Business units, fonctions matricielles, 360°, *outsourcing*… Les organisations des entreprises se sont complexifiées sous la quadruple contrainte de la mondialisation, des technologies, des modes managériales et de la croissance de leurs effectifs. Ainsi, chez Carrefour, en 2006, on dénombrait pas moins de 50 *business units* et quasiment autant d'organisations métiers comme le marketing ou la logistique. Tant et si bien que l'explication et la pédagogie de l'organisation est devenue un thème récurrent de la communication. Il suffit d'effectuer un « test » simple : demander à un salarié quelconque de « dessiner » l'organigramme de son entreprise pour comprendre l'étendue des incompréhensions.

L'éloignement des centres de décisions

Le gigantisme des grandes entreprises internationales qui éloigne les centres de décisions des salariés du « terrain » génère à la fois un sentiment d'impuissance, de système aléatoire, voire arbitraire. On a l'impression que les décisions sont prises « là-bas », en des lieux virtuels (souvent d'ailleurs non identifiés), par des collèges de « décideurs » anonymes. Qui décide ? Comment tel choix a été opéré ? Qui a pris telle ou telle décision ? Autant de questions désormais sans visage. Et ce qui était déjà vrai entre Paris et la province (la fameuse suspicion envers ces « technocrates en cols blancs » qui décident n'importe quoi dans le secret de leurs sièges sociaux, régulièrement appelés « le château » par les salariés) s'est aggravé avec le franchissement des frontières. Les salariés imaginent de mystérieux conseils d'administration, suspendus entre Londres et Atlanta, décidant de nouvelles orientations stratégiques en fonction d'obscures mobiles. Et encore, lorsqu'ils arrivent à mettre un nom ou des visages sur le conseil. Car l'obscurité est totale lorsqu'il s'agit d'entreprises détenues par des fonds de pension.

Le raccourcissement des cycles et la pression croissante

Produire plus, toujours plus vite, réagir en temps réel, s'adapter à des marchés en constante évolution engendre des peurs multiples : peur de ne pas plaire (à sa hiérarchie, à ses collègues), peur de ne pas atteindre les objectifs (souvent découpés en *Quarter*, à « l'américaine » – Q1, Q2…), peur de prendre des risques, quand ce n'est pas tout simplement peur de l'avenir. D'ailleurs, selon les spécialistes, la course à la performance est une des principales sources du stress des salariés. Un sur deux serait désormais frappé d'anxiété professionnelle[1]. « *Sans compter que les incertitudes liées aux changements économiques menacent aussi la qualité de vie* », souligne le quotidien. « *Ces frustrations sont sources de stress, de même que la dégradation des relations entre les individus. Le management français n'a pas assez pris en compte la valorisation individuelle. Du coup, le salarié a parfois le sentiment que l'effort qu'il fournit n'est pas payé de retour.* »

Pour Gisèle Ginsberg, auteur de *Je hais les patrons*[2], le constat est même pire : « *La peur est entrée en force dans le monde du travail et a*

---

1. *Le Monde*, 30 novembre 2006.
2. Gisèle Ginsberg, *Je hais les patrons*, Seuil, 2003.

tout submergé sur son passage, écrit-elle. Peur du chômage, crainte de ne pas être à la hauteur vis-à-vis des nouvelles technologies et des nouvelles exigences des patrons, angoisse permanente de la contre-performance et des réprimandes, méfiance à l'encontre des collègues métamorphosés en rivaux potentiels. » Et G. Ginsberg de conclure : « *Le citoyen se sent souvent seul quand il endosse son uniforme de salarié. Il doit assumer coûte que coûte, face à des patrons, des cadres, des chefs qui managent leur personnel sans vraiment d'états d'âme. Les résultats d'abord ! Si le salarié ne peut pas suivre, c'est sa faute, à lui et à lui seul. »*

Le recours de plus en plus fréquent à des « valeurs universelles »

Imposer son image, sa marque au niveau planétaire a poussé toutes les grandes entreprises à adopter des codes de représentation et des symboliques universelles, compréhensibles par tous, autant au Japon qu'au Mexique ou qu'en Lituanie. D'où un « lissage » des valeurs (alors que les salariés ont plus que jamais un besoin d'ancrage, de proximité, voire d'un « terroir ») qui brouille les repères. Du « *Think Global, Act local* » à « *Together the world* », en passant par le célèbre « Parce que je le vaux bien », ou le plus récent « *Boldness changes everything* », les « signatures » planétaires sont souvent vécues en interne comme, au mieux, artificielles ou infantilisantes, au pire, obscures et inquiétantes.

Cela explique la récente résurgence des icônes et figures emblématiques de certaines entreprises, le Bibendum Michelin, le Lapin Duracel, ou encore le Maître Kanter de Kronenbourg, signes autant externes qu'internes d'un retour aux sources. En jeu : la réassurance des consommateurs et des salariés, le souhait d'un retour de l'authentique, d'un retour aux racines, d'une réaffirmation du passé.

Des attentes complexes et contradictoires de la part des salariés qui cherchent un substitut de contrat social

Enfin, le salarié, citoyen et consommateur, ballotté au cœur de crises multiples et surtout multiformes, exprime envers l'entreprise des attentes aussi complexes que contradictoires.

Les crises dont les salariés disent aujourd'hui souffrir sont triples.

La crise politique

On assiste à une perte de crédibilité générale du système politique mais également de ses acteurs, avec une courbe de confiance envers les différents gouvernements qui, depuis des années, baisse régulièrement pour atteindre en début 2006 moins de 40 % ! Cette défiance est renforcée par une perception de l'impuissance du politique : « *Depuis trente ans, la France s'est installée dans une crise permanente et les décideurs, au lieu de décider, se contentent de théoriser leurs échecs. Si l'état ne peut rien, que peut le citoyen ?* », constate Christophe Lambert. Et, à chaque sondage, les « mauvais » chiffres enflent.

En 2006, une étude menée par le Cevipof (Centre de recherches politiques de Sciences-Pô) montrait que 75 % des Français se méfiaient des élus (ils étaient 55 % en 1985). Crise de la représentation, rejet des politiques, fracture civique, le mal est profond. Au centre des reproches, le manque de sincérité et les efforts trop visibles (et artificiels) pour plaire. Ce qui renforce encore les attentes d'authenticité vis-à-vis des entreprises. La faillite des politiques a renforcé la légitimité des dirigeants d'entreprises. Il faut bien un capitaine à la barre. D'où la popularité des patrons charismatiques : Michel Edouard Leclerc, patron du groupe du même nom, Gilles Pélisson chez Bouygues Télécom (et aujourd'hui Accor), Henri Lachmann chez Schneider, Michel Pébereau chez BNP Paribas ou encore Claude Bébéar. Des patrons dont on attend réflexions, visions stratégiques et prises de décisions. « *On ne demande plus au patron d'être l'expert en marketing, en trésorerie ou en montages financiers, ce qu'il a pu être dans sa carrière* », note Thierry Malandain dans son ouvrage sur les patrons[1]. « *On lui demande de juger des situations, de les arbitrer, d'influencer et de motiver ceux qui l'aideront.* »

La crise médiatique

Près de 50 % des Français se disent désormais méfiants vis-à-vis des médias. Le baromètre le plus fiable est certainement à cet égard celui que le quotidien *La Croix* réalise depuis 20 ans avec la Sofres. À la question « Les choses se sont-elles passées vraiment ou à peu près comme le racontent la télévision, la radio, les journaux ou Internet (depuis janvier 2005) ? », les réponses sont passées de 65 % de Français d'accord en 1987, à 44 % en 2006 pour la télévision, et de 56 % à 44 % pour la presse écrite (la radio étant le média qui tire le mieux son épingle du jeu avec une baisse de 62 % à – seulement – 57 %). Cela suppose donc qu'en moyenne, plus de 50 % des Français sont méfiants quant aux récits des médias, même si le quotidien souligne une légère hausse dans la cuvée 2007 du sondage (« *Cette année, les résultats globaux témoignent d'une grande stabilité, même s'il faut d'emblée souligner que la confiance accordée aux médias semble sur une pente sereinement ascendante[2]* »).

L'étude souligne également un scepticisme grandissant à l'égard des journalistes : « *Environ 60 % des personnes interrogées doutent de l'indépendance des journalistes à l'égard des pouvoirs de la politique et de l'argent* », note le quotidien. « *De cette persistante méfiance, il faut certainement s'inquiéter* », écrit l'éditorialiste de *La Croix*. « *Les journalistes, dont la vocation est d'assurer la médiation entre ceux qui savent déjà et ceux qui ne savent pas encore, sont apparemment considérés*

---

1. Thierry Malandain, *Les patrons*, Le Cavalier Bleu, 2004.
2. *La Croix*, 14 février 2007.

comme plus proches des premiers que des seconds. Et ils partagent, du coup, le discrédit qui, à en croire de nombreux sondages, frappe aujourd'hui pouvoirs et institutions. » Les institutions, mais pas forcément les entreprises. Au point qu'une étude menée au début des années 2000 par le cabinet Gestion & Motivation sur la perception de la presse d'entreprise par rapport aux médias classiques prouvait que c'est la première qui paraissait la plus « honnête et crédible ». Pour une raison simple, plutôt « technique » et désarmante : la rigueur des « circuits de relecture » internes (connue et vécue pour quiconque a travaillé dans une grande entreprise) fait qu'à défaut d'être toujours sincères, les journaux d'entreprise ne publient que des informations vérifiées et vérifiables… donc crédibles. CQFD.

La crise sociale

L'insuffisance de régulation des politiques n'en finit pas de provoquer amertumes et secousses sociales. Et les salariés ont bien compris que, concernant la plupart des sujets sensibles (retraites, protection sociale, organisation du travail, etc.), les entreprises ont pris l'habitude, devant l'immobilisme du politique, de s'autonomiser.

D'où la tentation de reporter sur l'entreprise des attentes plus « idéologiques », car elle est souvent le seul lien (et lieu) de référence et de reproduction, en miniature, d'un contrat social qui, malgré de nombreux défauts, fonctionne. Un contrat qui rend la communication interne essentielle. Des liens, un lieu, un contrat, de quoi « faire société ».

La communication interne, « vitrine du sens »

Cinq fusions, sept plans sociaux, six présidents, le tout en moins de 10 ans. Pour Evelyne Leroy, ancienne directrice de la communication dans les IT (aujourd'hui consultante en accompagnement du changement), la communication interne a acquis ses lettres de noblesse à l'épreuve du feu : « *Ce sont les fractures liées aux plans de restructuration successifs dans les grandes entreprises entre 1990 et 2000 qui ont forgé la légitimité définitive de la communication interne. Conçue pour "panser les plaies" et parce que ces périodes nécessitaient des prises de décision rapides, des changements de stratégie fréquents, il était indispensable que les salariés comprennent les enjeux, gardent leurs capacités à prendre vite des initiatives, donc aient un bon niveau d'information.* »

« *Aujourd'hui,* poursuit-elle, *la communication interne est surtout une vitrine du sens. Je pense d'ailleurs qu'il n'y a pas de communication externe efficace sans une communication interne pertinente. Sinon, c'est une catastrophe. Dans l'affaire "Danone et les Lu", c'est bien un problème de communication interne qui a ruiné, en quelques jours, des millions d'investissements publicitaires. Et les dégâts sont inestimables lorsque, par exemple, des salariés apprennent par la presse l'arrivée de leur nouveau président. J'ai d'ailleurs milité pour une direction de la communication unique, rattachée à la direction générale, y compris impliquée dans la communication sociale et en relation avec les organisations syndicales.* »

« *La communication interne doit donc être l'instrument qui donne du sens à l'ensemble. C'est en quelque sorte le levier de démultiplication des prises de décision de l'entreprise et l'accompagnement de l'action. La communication interne, c'est l'information plus l'action. Et avant de penser outil, il faut penser stratégie par rapport au point d'arrivée visé et donner une visibilité au chemin à parcourir.* »

Le rôle du directeur de la com' ? « *Dans un monde idéal, la communication n'est pas de sa seule responsabilité : elle doit être partagée avec l'ensemble des managers qui doivent avoir ou acquérir cette aptitude. La fonction du dircom de demain : un stratège, un éclaireur social, un traducteur pédagogue.*

.../...

_.../..._

Il doit être capable de comprendre tous les rouages de l'entreprise (de la comptabilité à la production), d'appréhender toutes les logiques professionnelles (identités métiers), les logiques économiques, connaître les interactions sociales, identifier les attentes des salariés et être le garant de la pertinence de l'ensemble : un sociologue des organisations. »

Le plus difficile dans la fonction ? « *En premier lieu, être informé de tout ce qui se passe pour connaître à fond l'entreprise. On doit être immédiatement et perpétuellement opérationnel compte tenu des transformations permanentes. Prendre des décisions, et de plus en plus vite, passer d'un sujet à l'autre, bousculer les habitudes et les pratiques sans jamais pouvoir se poser et réfléchir comme il serait souhaitable de le faire. Mais le plus difficile pour moi a certainement été l'accompagnement des plans sociaux. Car c'est souvent la com' qui doit annoncer les restructurations ou les fusions. La DRH en est, certes, le "bras armé", mais la com' en est le porte-parole. Et quand on annonce le départ de 300 ou 400 personnes uniquement sur la base du soi-disant bons sens économique sans intégrer la dimension sociale, ou encore que l'on proclame la nécessité du changement mais pas pour le management (d'une fusion à l'autre on ressort les mêmes "jokers"), certains matins, cela devient insupportable de se regarder dans la glace : on subit ou on change de posture ! »*

CHAPITRE 3

Vive les extrêmes !

Des objectifs en pleine révolution

Des objectifs de communication en mutation

L'éloignement du management, l'internationalisation croissante, la généralisation des circuits virtuels accélérée par l'extraordinaire poussée des technologies de communication, la déshumanisation des rapports, l'état de crise permanent provoquent chez les salariés un besoin accru de proximité. Ils sont désormais en attente d'une communication plus chaleureuse et surtout plus vraie. Lorsque l'on consulte les différentes enquêtes sociales réalisées dans les grandes entreprises, les revendications sont simples. Les salariés souhaitent :

▶ *Que l'on s'occupe d'eux, avec de « vrais » mots et de « vrais » sujets de préoccupation.* Ces attentes figurent désormais parmi les priorités de ceux que l'on nomme souvent dans les états-majors les « vraies gens ». On peut même en déduire une règle s'appuyant sur un paradoxe : plus l'entreprise prend la parole en tant qu'institution, plus il est indispensable de donner place au terrain, à la réalité quotidienne. Au point de constater un impérieux besoin de « retour à la fête », témoigne Bertrand Cizeau, directeur de la communication de Cetelem. « *L'émotionnel, la gestion de l'affectif contre-balançant la baisse d'adhésion au projet d'entreprise est une fonction aujourd'hui essentielle* », poursuit-il. Adhérer à l'entreprise ? Oui, si celle-ci sait reconnaître l'implication de chacun.

▸ *Un besoin accru d'ancrage sur leur territoire local.* Plus l'entreprise s'étend et se revendique globale, plus le besoin d'un ancrage local se fait sentir. Plus on évoquera en communication interne les succès commerciaux à Tokyo ou à New York, et plus on devra être attentif à traiter également des équipes en Charente ou à Quimper.

▸ *Une réassurance de leur « utilité professionnelle ».* Les crises économiques récurrentes, les délocalisations, les plans sociaux parfois à répétition ont généré chez les salariés un sentiment d'inutilité, leur réflexion étant la suivante : « Si on peut supprimer mon poste, mon service demain matin, qu'elle est alors l'utilité véritable de mon métier ? » Façon parfois pudique de poser la question : « À quoi je sers ? » C'est alors à l'entreprise, donc par un raccourci souvent rapide à la communication interne, de répondre en expliquant et en mettant en exergue la chaîne de valeur ajoutée des différents métiers et leur contribution à la marche (voire la marge) de l'entreprise.

▸ *Une confirmation de la reconnaissance de leur technicité.* Et « si mon métier est utile », il est également porteur d'un vrai savoir, d'une technicité certaine. Les salariés attendent que l'entreprise (et les collaborateurs alentour) connaissent et reconnaissent la maîtrise d'un savoir-faire. La « financiarisation » des entreprises avec sa cohorte de tableaux de bord et de ratio (RBE, EBITDA, Cash-Flow), ainsi que la mise en lumière des fonctions du « siège » ont fait perdre une certaine substance aux autres métiers de l'entreprise, au point parfois de les oublier dans les prises de parole de la communication.

▸ *Une certaine « vérité ».* Dans une société où tous ont l'impression que, à défaut de mentir, personne ne dit *la* vérité, les salariés attendent de l'entreprise qu'elle prenne à son compte une « lecture de la vérité » : celle du fonctionnement de l'économie, de l'évolution et de la structuration des marchés, des efforts à fournir, de l'organisation des savoirs, de l'ascenseur social, des relations humaines basiques, etc. « Il faut se battre contre la concurrence ? Oui, mais pourquoi ? Avec quelles armes ? On doit s'implanter en Chine ? Certes, mais pourquoi ? Un plan d'économie drastique est nécessaire ? Pour quelles raisons ? Comment y parvenir ? Et quels seront les résultats ? » Tâche effectivement difficile mais porteuse de sens. Ainsi, une grande banque parisienne s'est vue contrainte en 2004 de mettre en place un plan d'économie assez rigoureux. Nom de code : le BBZ (traduire *Budget Base Zéro*). La direction de la com' eut l'intelligence d'en faire presque un slogan, d'expliquer le plan jusque dans les détails dans ses différents supports de communication interne, et surtout publia régulièrement des nouvelles du fameux BBZ (les réussites, les écarts, les efforts encore à fournir), au point que les salariés en parlaient quasiment comme d'un jeu. Un peu désagréable certes, mais ludique.

La pyramide des objectifs

Dans les années 1980-1990, les objectifs de la communication interne sont classiquement organisés autour de cinq missions.

Cette pyramide irrigue alors l'ensemble des outils de communication. Ainsi, une étude réalisée en 1992 par Yves Agnès et Michel Durier (respectivement rédacteur en chef au *Monde* et directeur des ressources humaines des Ciments Français) sur 150 formules de journaux internes montre que la plupart d'entre elles sont conçues sur ce type de structure. Il s'agit prioritairement d'expliquer l'entreprise (phénomène récurrent depuis les années 80), mais surtout de donner un sentiment d'appartenance à la collectivité tout en donnant des clefs pour comprendre le quotidien. « *Valoriser l'entreprise, renforcer le sentiment d'appartenance, insuffler une politique*, note alors Yves Agnès, *les objectifs implicites des journaux d'entreprise apparaissent sans surprise. (...) L'analyse montre à quel point la périodicité, la forme, les sujets abordés et les techniques journalistiques employées concourent à un "produit" destiné avant tout à véhiculer*

Figure 1 : La pyramide des objectifs des années 80-90

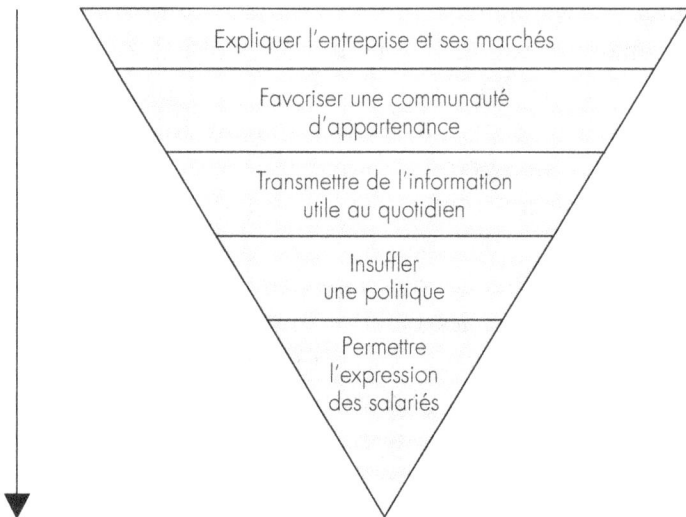

Expliquer l'entreprise et ses marchés

Favoriser une communauté
d'appartenance

Transmettre de l'information
utile au quotidien

Insuffler
une politique

Permettre
l'expression
des salariés

le discours de la direction et à valoriser l'image de l'entreprise. » De quoi estimer, conclut Yves Agnès, « *que la multiplication des journaux d'entreprise cache mal l'échec de la plupart d'entre eux* ».

La communication interne, elle, traite alors prioritairement des produits de l'entreprise et du marketing (une étude réalisée en 1996 auprès des salariés français d'un grand fabricant d'ordinateurs américain montre alors que moins de la moitié d'entre eux sont capables de citer ne serait-ce que les différentes gammes de produits !).

Il faut expliquer régulièrement les choix de l'entreprise, ses marchés, la complexité de l'offre. Puis, la communication interne doit fédérer, rassembler, impulser une dynamique commune en montrant les succès, en mettant en valeur le travail d'équipe et les résultats, en décodant les concurrents.

Enfin, troisième temps fort, les salariés attendent également une reconnaissance *via* des « fenêtres » d'expression dans les différents médias de l'entreprise. C'est l'époque où se généralisent les interviews ou ce que l'on appelle les « micro-trottoirs », les portraits et même le récit des « tables rondes » (souvent contradictoires, toujours riches), qui animent régulièrement l'entreprise. Parmi les autres « recettes », l'interview d'un dirigeant de l'entreprise, DG ou président par un jeune cadre. Petit dernier ou plus jeune de la pyramide des âges, les « candides » sont régulièrement invités à interpeller leurs patrons. Succès garanti lorsque le jeu de la transparence est respecté !

Les objectifs d'aujourd'hui

La hiérarchisation des objectifs des années 80, revue et « patinée » à la faveur de crises successives et des nombreuses évolutions des organisations des entreprises, a modifié les fonctions assignées à la communication interne. Les récentes enquêtes d'opinion internes sur les sujets prioritaires dans l'esprit des salariés montrent que les attentes ont été profondément modifiées.

Elles se sont en quelque sorte bipolarisées autour de deux thématiques prioritaires : l'entreprise et sa stratégie d'une part, la proximité et le terroir d'autre part. Des attentes cohérentes d'ailleurs avec les craintes exprimées par les salariés qui posent deux questions récurrentes : où va-t-on et quelle est ma destinée ?

L'entreprise : les premières thématiques concernent l'entreprise, avec, en priorité, la stratégie, l'actualité et les produits et surtout un thème nouveau, l'organisation et la gestion financière. EBE, RBE, EBITDA, stock-option, provisions pour risque… Il s'agit de comprendre un bilan et les principaux agrégats comptables, pour mieux décoder le fonctionnement de la société, mais également pour avoir une « visibilité » réelle et se faire sa propre opinion. Sans oublier l'intérêt des nouveaux salariés-actionnaires (dont le nombre a plus que doublé ces dernières années) pour les mécanismes financiers.

Figure 2 : Les pyramides des objectifs des années 2000

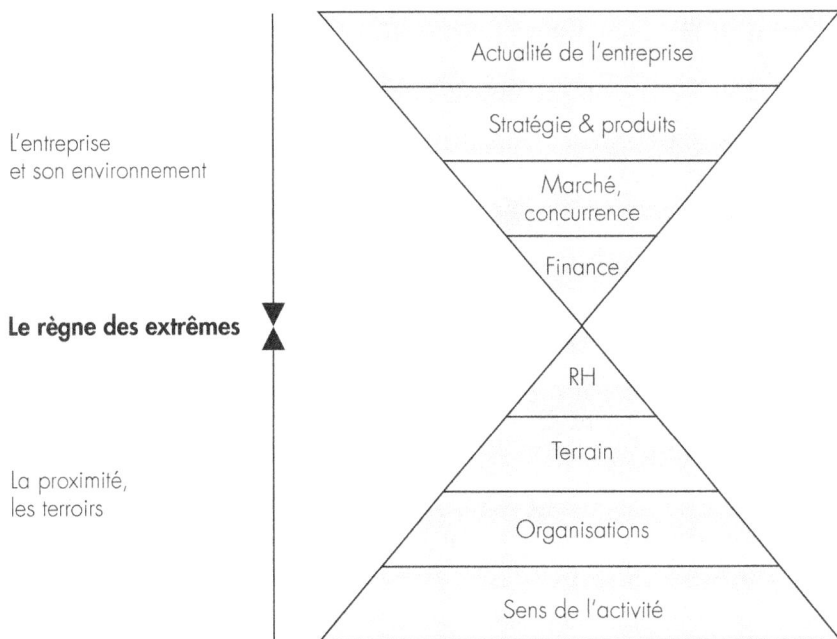

Lors de l'ouverture de capital de France Télécom, qui fût l'un des grands succès non seulement de la Bourse mais aussi de participation des salariés, un plan de communication spécifique avait été développé pour l'interne : guide de l'actionnaire, magazine, lettre d'info et assistance téléphonique. Parmi les questions les plus fréquentes figuraient ce que les spécialistes pourraient qualifier de B.A.-BA : comment varie le cours d'une action ? Puis-je vendre mes actions ? À qui ? Comment ? Dois-je déclarer ma transaction au fisc ? Comment en acheter d'autres ? L'ensemble des interrogations montrait bien à la fois l'engouement des salariés et l'incroyable méconnaissance des questions financières.

À ces thèmes s'ajoute tout ce qui peut impacter l'environnement de l'entreprise : la concurrence bien sûr, mais également les marchés et leur évolution, les attentes et modes de vie des consommateurs (sociostyles et modes sociétales comme la découverte du « cocooning », l'explosion de l'individualisme, le consumérisme communautaire…), les grands courants économiques, l'international, la mondialisation des échanges, etc. En fait, il s'agit de répondre à une demande de « sens » à la manière d'une boussole. Les salariés veulent avoir le Nord en poche et pouvoir se repérer sur la direction suivie. L'entreprise, en tant qu'institution, doit s'exprimer, expliquer, s'engager, démontrer, rassurer, convaincre.

La « vraie vie » : le second pôle des attentes concerne la proximité ou encore ce que l'on pourrait qualifier de « vraie vie » au quotidien, avec en priorité les sujets proprement RH : formation, mobilité, organisation du travail, rémunération, et tout ce qui la compose (prime d'objectifs, bonus, intéressement, actionnariat…).

Puis vient tout ce qui concerne le « terrain » : vie des équipes, contrats remportés, événementiels commerciaux, rencontres clients ou fournisseurs, ateliers de réflexion, tables rondes…

Suivent, en désordre, tous les thèmes qui peuvent concourir à « donner du sens » à l'activité quotidienne du salarié : les actions de mécénat et d'humanitaires, les portraits d'équipes effectuant à l'autre bout du monde le même métier, etc.

Par exemple, à la Coface, les salariés sont mobilisés autour d'associations caritatives finançant des micro-projets d'entreprise dans le monde ; ceux-ci donnent lieu à des réunions régulières, l'édition d'une plaquette recensant les différents projets, l'ensemble étant relayé par l'intranet de l'entreprise. Chez Bouygues Telecom, c'est autour du projet de Nicolas Hulot que se retrouvent les salariés volontaires. Chez BNP-Paribas, les initiatives humanitaires ou caritatives sont encouragées, soutenues et souvent mises en scène dans le magazine du groupe diffusé à 80 000 exemplaires.

Aide aux enfants handicapés, financement de centres de soin, développement de « micro-crédits », les sujets éthiques sont devenus des éléments de culture et de fierté d'appartenance. Une façon, aussi, de trouver un sens à son quotidien.

En fait, tout se passe comme si les « attentes » majeures avaient été radicalisées autour de deux pôles : l'institution (d'où l'émergence forte de ce que l'on appelle le « *corporate* »), et le quotidien, avec une requête sous-jacente que l'institution s'intéresse à ceux qui la composent et la font vivre.

Une façon de réconcilier le « virtuel » et le réel dans un équilibre « donnant-donnant ».

Le *corporate* et sa place dans la communication interne

La communication interne est-elle *corporate* ? Et le *corporate* englobe-t-il la com' interne ? La frontière entre ces deux champs de la communication est souvent perçue comme floue. D'autant que le terme « *corporate* » ne recouvre pas les mêmes notions en fonction des cultures (c'est essentiellement une notion anglo-saxonne, intraduisible, mélangeant entreprise et institution), et que cette confusion terminologique arrange souvent les conseils en communication. Au point d'ailleurs que les agences et prestataires spécialisés en com' interne sont recensés dans le secteur *corporate* par la plupart des organismes professionnels et des guides. La réponse est vraisemblablement au milieu. Le *corporate*, c'est effectivement « l'institution qui parle ». Une différence avec « la marque », c'est-à-dire la communication identitaire et symbolique de l'entreprise. Mais la réalité est plus subtile.

Jean-Noël Kapferer, dans son remarquable ouvrage *Les marques, capital de l'entreprise*[1], note qu'« *il est souhaitable de distinguer quatre niveaux de discours, ayant chacun une finalité, des destinataires, un contenu et un style spécifiques : la communication d'entreprise, d'institution, de marque et de produits.*

.../...

---

1. Jean-Noël Kapferer, *Les marques, capital de l'entreprise*, Éditions d'Organisation, 1998.

…/…

La communication dite d'entreprise a pour but de rendre celle-ci plus transparente (…), le critère est celui de l'exactitude, du vrai ». La communication institutionnelle, elle, *« énonce les valeurs de l'entreprise : elle est le porte-parole de l'âme, de la vocation de l'entreprise. Le contenu de la communication institutionnelle est moral, politique ou philosophique ».*

En ce sens, le *corporate* est probablement à l'intersection de ces deux univers de communication. Et l'harmonisation de la communication interne avec le *corporate* est assurément indispensable. C'est l'institution qui doit prendre la parole sur la stratégie, l'éthique, le devenir, le sens. Mais c'est loin d'être suffisant. On peut donc considérer le *corporate* comme une réponse équilibrée entre la demande de sens et celle de « terroir ». L'équivalent, pour prendre une notion à la mode au début des années 2000, du « *Think Global-Act local* ».

Le *corporate* aura alors pour objet et effet de renforcer la cohérence des messages de l'entreprise. Il répond également à des attentes de plus en plus segmentées de la part de « publics » de plus en plus complexes. Avec une nouvelle équation qui veut que le Salarié soit aussi un Consommateur, qui est également Citoyen et parfois même un Actionnaire de l'entreprise. Parler à ces publics complexes en attente à la fois de cohérence et de différences est tout l'art du *corporate*. Avec, toutefois, un écueil de taille : à vouloir parler à tous, on finit parfois par éliminer toutes les aspérités et se satisfaire d'un discours tiède, passe-partout, donc inefficace !

CHAPITRE 4

Du sens et des armes

Les fonctions essentielles
de la communication interne

Les nouvelles attentes
de la communication interne

L'ensemble de ces mutations impose de recomposer et réorganiser les fonctions de la communication interne. Elle doit prioritairement (et non pas exclusivement) répondre à trois attentes fortes :

- Une demande d'explication constante et détaillée sur les raisons des changements qui affectent l'entreprise (et non plus seulement sur l'entreprise et son fonctionnement).

- Une demande d'ancrage et de réassurance sur l'utilité professionnelle des salariés (avec, sous-jacente, la lancinante question « À quoi je sers ? »). Les plans sociaux successifs ont laissé le sentiment d'une fragilité de la « destinée » du salarié mais également un doute sur son « utilité » professionnelle (puisque « nous sommes interchangeables »). À cette requête s'ajoute également la nécessité d'expliquer aux salariés le « parcours à suivre », les étapes pour parvenir aux objectifs voulus et atteindre le but.

▶ Une demande de « sens », dans une double acception : à la fois la direction à suivre (l'effet boussole : où va-t-on et où va l'entreprise ?) et la signification des efforts et de la tâche à accomplir (ce quotidien a-t-il un sens ?). Il s'agit de recréer de l'adhésion, de tenter de freiner le désinvestissement grandissant des salariés (une nécessité d'autant plus pressante que des études montrent qu'aujourd'hui seul 1 salarié sur 5 de moins de 35 ans se déclare désormais impliqué dans sa vie professionnelle) et d'améliorer le climat interne (56 % seulement des salariés ont désormais une opinion positive du climat social dans l'entreprise).

Entretien avec Sylvie Bocognano, directrice de la communication interne de Bouygues Telecom

Nous sommes les gestionnaires d'un imaginaire

Quelle définition donnez-vous de la communication interne ?

S. Bocognano : *Paradoxalement, la communication interne n'appartient pas à la direction de la communication interne. Pour qu'elle existe, il faut avant tout qu'il y ait culture. Et la com' interne n'en est que l'animateur. Ce sont les collaborateurs qui font et portent la communication interne. Quand Bouygues Telecom a lancé le premier la notion de forfait, c'était déjà représentatif d'une culture d'entreprise spécifique. Nous ne sommes que des médiateurs, nous cultivons un terreau. Et si une entreprise n'a pas de culture pour des raisons de jeunesse, ce n'est pas un travail de communication interne mais de direction générale. Sinon, c'est un peu comme une direction commerciale qui n'aurait pas de client. C'est forcément aller à l'échec.*

Quelles sont pour vous les missions principales ?

S. B. : *Prioritairement créer de la cohésion, c'est-à-dire une information juste, un sentiment d'appartenance et un partage de valeurs. En fait, il s'agit bien de créer un imaginaire commun. Et c'est celui-ci qui fondera une cohésion d'entreprise. Ensuite, la communication interne est un outil au service de la direction générale et du management, dans les deux sens : pour transmettre des informations mais également pour les remonter. Très* *régulièrement, par exemple, mon président m'interroge sur les perceptions internes sur tel ou tel sujet, ou sur les opinions qui traversent l'entreprise. Il est vrai que la com' interne est certainement le service qui est le plus souvent au contact de toutes les catégories de personnels et dans tous les échelons hiérarchiques. C'est une richesse exceptionnelle. Peu de directions d'entreprise, à part peut-être la RH, bénéficient de cette variété de rencontres. Mais nous ne recueillons certainement pas la même nature d'informations. Les RH ont nécessairement une vision plus « productiviste » de l'entreprise, notamment parce qu'ils ont à gérer les arbitrages difficiles de rémunération, l'intéressement, les primes sur objectifs, et qu'ils sont obligés, parfois, d'aller au conflit. Ce qui n'est pas notre cas. Je dirais que dans une entreprise, les RH agissent sur le physique (c'est un peu les muscles), et la communication interne sur le moral (nous gérons l'affectif). Et que la gestion de l'imaginaire n'est pas un processus productif !*

Qu'est-ce qui vous paraît le plus difficile dans votre mission ?

S. B. : *Faire admettre que la communication interne est un vrai métier. Qu'il nécessite des professionnels. Qu'on ne crée pas un outil du jour au lendemain et n'importe comment. Que nos métiers sont techniques. Par exemple, les Français ont un rapport spécifique à l'écrit : non seulement tout le monde veut écrire, mais tout le monde croit savoir écrire. Ce qui n'est pas le cas. Hiérarchiser des informations, choisir un angle, définir un ton, un style, écrire court, savoir tenir en éveil le lecteur supposent une technicité spécifique. Sans oublier les différentes méthodologies de recueil, d'animation et de traitement de l'information que nous devons maîtriser, plus l'ensemble des savoir-faire liés, par exemple, à l'événementiel. Organiser une convention pour 3 000 personnes en trois semaines implique également la maîtrise de techniques.*

Quelles sont, pour vous, les grandes évolutions du métier ?

S. B. : *Certainement la montée spectaculaire des intranets dans l'entreprise avec ses corollaires : la culture de l'instantanéité et la décentralisation nécessaire des réseaux d'informations. Chez Bouygues Telecom, nous avons aujourd'hui près de 300 sites intranet et donc autant de sources et de réseaux d'informations. Il a fallu accepter qu'il y ait des éditeurs locaux, autonomes, et les aider à s'organiser. Résultat, la* communication interne n'édite désormais que 20 % des informations publiées en ligne, mais contrôle 100 % des contenus. Cela implique néanmoins des contraintes. Les managers de départements, sites ou métiers éditeurs d'un intranet sont garants du contrôle de la nature des informations et des valeurs qu'ils véhiculent. Et en cas de défaillances, nous avons prévu des sanctions. De notre côté, nous surveillons la fréquentation, le taux de clics, et nous intervenons dès que nous détectons une anomalie. La construction de ce véritable portail a nécessité par ailleurs un énorme travail de formation et d'accompagnement avec des stages de sensibilisation et des formations à la hiérarchisation de l'information, à la rédaction, à l'écriture spécifique en ligne, à l'identification des mots utiles, à la suppression des redondances, aux contraintes du média, etc. Et la direction de la communication s'est gardée l'animation de l'entrée du portail et les premières couches informatives. Le plus difficile reste la gestion du « temps réel » qu'appelle ce type de média et qui peut être dangereux. La course à l'information « chaude » et immédiate peut être un facteur de déstabilisation du management. Nous en avons fait l'expérience au début.

En publiant immédiatement certaines informations, nous nous sommes aperçus que les managers les avaient, au mieux en même temps que leurs collaborateurs, au pire bien après, à cause notamment de leur emploi du temps chargé et du nombre de réunions qu'ils assument. Résultat, il y avait un déphasage qui les mettait en porte-à-faux, voire créait des difficultés d'interprétation. Nous avons donc mis en place des règles de publication fondée sur un principe simple : que les managers aient le temps de s'approprier l'information avant sa publication sur le portail. Sauf, évidemment, urgence absolue, qui est alors accompagnée d'un mail spécifique pour avertir d'abord le comité de direction puis l'encadrement. En cas de crise, par exemple, comme le jour où un dysfonctionnement informatique a provoqué une panne du réseau, nous publions les informations essentielles permettant à tous d'avoir les arguments pour répondre aux clients, comprendre la situation et partager les mêmes informations. Sinon, pour les informations importantes mais non urgentes, nous avons un protocole très établi : nous avertissons en priorité le comité de direction générale, puis le comité de direction, puis les chefs de service et directeurs via leur lettre spécifique, puis nous publions ensuite sur l'intranet.

Comment peut-on évaluer la performance d'une communication interne ?

S. B. : *Les tentatives d'évaluation en interne ont toujours été des échecs, probablement parce que nous sommes (l'entreprise) dans un univers « confiné ». On ne peut jamais être certains de la sincérité de la réponse. Surtout lorsque les résultats sont excellents. Que peut-on en faire ? Nous avons déjà eu des résultats intéressants mais parfaitement inexploitables. En définitive, nous n'avons pas de preuve fiable qu'une communication interne est efficace ou pas. Mais nous recevons des signes. La meilleure mesure d'efficacité est le taux (et la nature) des messages spontanés que nous recevons : des félicitations, des questions à la suite d'opérations que nous avons menées, des demandes de nouveaux outils. Par exemple, à la suite de la fête organisée pour les dix ans de l'entreprise, nous avons été submergés de mails, de mots, de SMS nous remerciant. Sinon, comment mesurer la cohésion d'une équipe ou encore le sentiment d'appartenance d'un salarié ? Nous travaillons sur une matière qui n'est pas quantifiable. Il faut l'accepter. L'imaginaire n'est pas mesurable, et c'est peut-être mieux ainsi.* ∎

Les missions du communicant interne

Dans cet environnement complexe, mouvant, parfois paradoxal, les principales missions du communicant interne sont aussi vastes que difficiles. On peut retenir celles qui paraissent, aujourd'hui, les plus essentielles :

Être un porte-parole du « pays réel »

Contrepoids de « l'institution virtuelle », le « pays réel » est devenu un facteur de crédibilité du discours de l'entreprise. À l'image de la PQR (presse quotidienne régionale), où la « vérité » de l'information locale est garante de la crédibilité de l'information nationale et internationale, le traitement de l'information de proximité assure la crédibilité de l'information stratégique et politique de l'entreprise. Le raisonnement est implacable : si le salarié lecteur constate que le récit de la « journée portes ouvertes de l'agence de Sainte-Foy la Grande fût un succès en présence du sous-préfet et d'une cinquantaine de clients » est authentique (il y était ! Il peut le certifier), alors l'information sur la nouvelle offensive de l'entreprise en Inde l'est également.

Un organisateur des discours contre le risque de surdité et le poids des silences

C'est connu, « trop d'info tue l'info ». Et encore plus lorsque celles-ci sont contradictoires. Or, tout (et tout le monde) communique et diffuse de l'information, avec plus au moins de bonheur, et surtout de façon non homogène ou non coordonnée. Des dirigeants de l'entreprise aux cadres intermédiaires, en passant par la presse et les partenaires. Or, combien de fois un communicant n'a-t-il entendu de la part de sa hiérarchie offusquée, « vous n'allez quand même pas diffuser cette information ? », alors que ladite information figurait en bonne place dans un ou plusieurs quotidiens économiques du matin ?

Le cas de figure le plus prégnant est évidemment celui d'une fusion, d'un rapprochement ou du rachat par ou d'un concurrent. Exemple type, la méga fusion de GDF et Suez : en plein débat politique et alors que la presse couvrait quotidiennement le sujet, un responsable de la communication interne du « gazier » français déplorait que son entreprise revendique fièrement ses 52 000 salariés alors que, simultanément, les documents internes en « saluaient » 36 000. Qui étaient les quelque 16 000 autres ? Imaginons ce qui pouvait alors être perçu sur le reste du projet…

Bien sûr, on ne peut pas tout dire en interne. Bien sûr, la presse, *a fortiori* la presse quotidienne, sans parler de la télévision, est, par nature, plus rapide que la plupart des canaux d'informations internes de l'entreprise. Mais de là à rester muet ! Et laisser le champ libre aux rumeurs les plus inquiétantes !

Au contraire, le rôle du communicant interne est de dépassionner les tensions en donnant *a minima* la « vérité » de l'entreprise, au mieux l'information exacte. Quitte à expliquer sereinement pourquoi l'entreprise ne peut pas communiquer aussi directement et rapidement que les médias extérieurs ? Décision non validée par le conseil d'administration, loi ou règlement imposant le respect de circuits d'information, devoir de réserve (par exemple le délai imposé pour informer les organisations syndicales, notamment en cas de plan social ou de réorganisation…). Expliquer les raisons pour lesquelles « on ne peut rien dire » suffit souvent à dégonfler les angoisses et à endiguer les fantasmagories en tout genre.

« S'il est difficile d'outrepasser le cadre juridique de ce qu'on appelle aujourd'hui un "plan de sauvegarde des emplois", explique Philippe Loiseau, consultant en communication sociale[1], *et s'il est normal de penser que les instances représentatives du personnel (IRP) sont des interlocuteurs légitimes sur les sujets sociaux, chacun est également conscient que dans un contexte où l'émotion est forte et l'incertitude domine, une information et une communication structurante et non polémique sont appelées à jouer un rôle déterminant. »* Et le spécialiste de poursuivre : *« Ce n'est pas parce qu'on ne peut rien dire qu'il faut se taire. Au moins deux raisons militent en faveur d'une communication large et rapide. La première est d'éviter que les partenaires sociaux ne deviennent des" attachés de presse" de l'entreprise vers lesquels les publics, y compris les journalistes, se tourneront naturellement pour s'informer et comprendre la situation. Comment alors lever la contrainte juridique ? En précisant justement que le projet restera un projet tant que la procédure d'information et de consultation ne sera pas conclue, et en prenant la précaution d'utiliser le conditionnel. La deuxième raison tient à la nécessité de réduire le niveau d'incertitude et l'émotion qui domine alors. L'information attendue à ce stade porte moins sur le détail du projet, sa logique économique, que sur ses conséquences les plus manifestes et l'esprit dans lequel l'entreprise compte les aborder. Le contenu du plan social (procédure et contenu) importe donc beaucoup plus à ce stade que la logique*

---

1. « Les managers communiquent », in *Les Cahiers de la communication interne*, n° 12.

économique qui commande, en définitive, le projet. » Communiquer et garder le lien est donc indispensable, ne serait-ce que pour tenter de protéger le « contrat psychologique » entre le salarié et l'entreprise. L'objectif n'est alors pas de convaincre, mais, « *plus modestement,* souligne P. Loiseau, « *de faire en sorte que l'entreprise continue d'être reconnue comme une interlocutrice crédible et fiable* ».

Ainsi, aux Ciments Français, lors d'un plan social un peu rude touchant les effectifs en usines, la DRH pris la décision courageuse de publier à cette occasion un guide complet sur le plan social. L'objectif était de faire comprendre la législation sociale, le devoir de réserve auquel la direction était soumise, ainsi que les risques encourus par les dirigeants de l'entreprise en cas de non-respect des circuits d'information et le déroulement des grandes étapes du plan et de la communication. Cela suffit à calmer le fameux syndrome du « On nous cache tout, on nous dit rien ! » Les tensions n'avaient certes pas disparues, mais suspicions et rumeurs ont été limitées.

« *Le manque d'information suscite le scepticisme et la critique des salariés* », note *Stratégies* dans un dossier consacré au vade-mecum des chargé de com'[1]. L'hebdomadaire cite un exemple édifiant : « *En janvier* (2005), *l'Autorité des marchés financiers* (ce qu'on appelle également le « gendarme de la Bourse ») *autorise la fusion entre Snecma et Sagem. Mais la loi interdit de donner la primeur des informations aux 40 000 salariés concernés. Ces derniers ont donc appris le projet de fusion par les médias. Dans l'heure, le directeur de la communication a envoyé un courriel à chacun, lancé une campagne d'affichage et organisé la réunion des 700 cadres supérieurs.* »

Essentiel. Car des études américaines prouvent même qu'il y a un lien entre le niveau de motivation de ce que l'on appelle désormais, après un plan social, les « survivants », et la façon dont a été vécu

---

1. *Stratégies* n° 1355, mars 2005.

celui-ci. L'information et la communication internes ne concernent donc pas seulement l'accompagnement d'un plan social, mais déterminent également la perception et l'attitude des « survivants ». *« Aussi, à la question fréquente des directions "Comment puis-je rassurer ceux qui restent sur l'avenir en même temps que je licencie ?", le premier conseil est de les inviter justement à consacrer toute leur énergie au présent en s'efforçant, dans le cadre juridique imposé, de bâtir une communication large, périodique et transparente »*, conclut P. Loiseau.

Figure 3 : Le risque de surdité

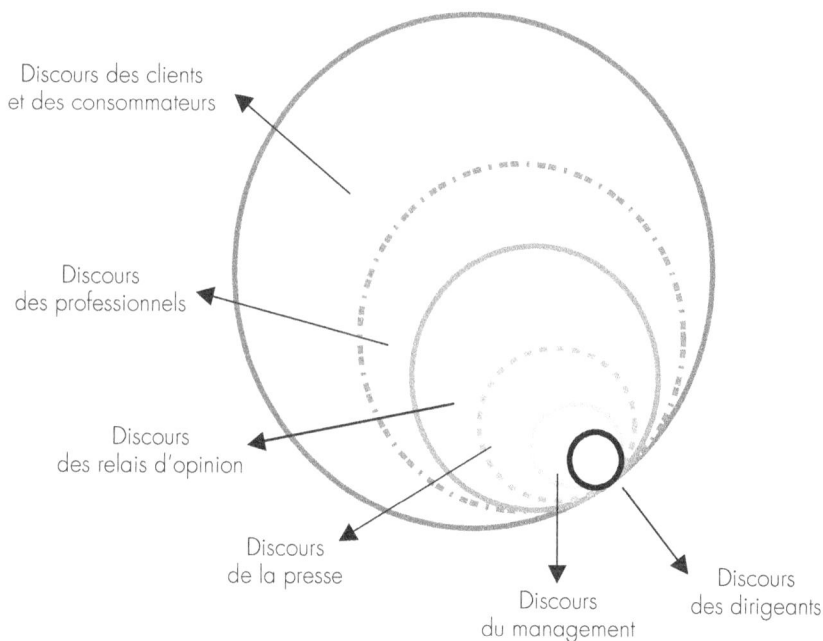

Discours des clients et des consommateurs

Discours des professionnels

Discours des relais d'opinion

Discours de la presse

Discours du management

Discours des dirigeants

Un détenteur du capital de la « parole vraie »

L'attente de vérité ou tout au moins d'une sincérité (que les Français ne trouvent plus ailleurs), la fonction supposée de régulation sociale de l'entreprise imposent aux communicants de résister à l'effritement du « capital de parole » des dirigeants et du manage-ment. « *Ce capital de parole est une valeur précieuse de la communica-tion*, précise Laurent Habib, PDG d'Euro RSCG C&O. *Bien géré, il peut prospérer. Mais attention : une fois épuisé ce capital, l'entreprise perd toute crédibilité et rompt la relation de confiance avec ses publics* »[1].

Ce spécialiste de la communication d'entreprise part effectivement d'un principe simple : tout dirigeant dispose (dans l'esprit de ceux qui l'écoutent) d'un « capital de parole vraie ». Chaque mensonge l'effrite de façon exponentielle et s'additionne. Chaque vérité le renforce. Une fois entamé, ce capital est en danger. « *La préserva-tion de ce capital repose sur trois conditions*, poursuit L. Habib. *Le discours doit être infalsifiable, vérifiable et résister au temps. Un discours falsifiable est un discours dont on peut démontrer qu'il est faux. Il s'agit d'éviter la langue de bois, les propos généraux et consensuels, le "ça ne mange pas de pain" qui caractérise souvent les discours attendus. Deuxième condition de crédibilité, le discours doit être vérifiable. L'infor-mation que je délivre doit pouvoir être vérifiable par mes interlocuteurs via des instruments acceptés et partagés par tous. Enfin, le discours doit résister au temps, il faut prendre en compte qu'il existe une mémoire des discours et que l'entreprise peut être, à tout moment, confrontée à l'histo-rique de ces prises de parole.* »

Deux points sont dès lors à surveiller avec attention :

▶ l'émission de « mensonges », principal indice multiplicateur de la « parole vraie » ;

▶ l'usage et l'usure exponentielle de certains mots, au risque de voir leur grille d'interprétation s'inverser, comme par exemple les trop galvaudés « excellence », « performance », « modernité », qui provoquent chez les « auditeurs » le sentiment inverse qu'ils sont censés communiquer.

---

1. Interview publiée sur le site *Ujjef.com* en 2006 autour du film « Les yeux dans ETDE ».

Un garant des valeurs

Animer, enrichir et faire vivre des valeurs est une fonction devenue essentielle pour au moins deux raisons :

▶ La pression croissante des organisations pour s'autonomiser et revendiquer leur différence rend la vie en commun et le travail ensemble de plus en plus difficile. Les valeurs servent de lien à la fois entre les salariés, et entre les salariés et l'entreprise.

▶ L'entreprise devenue extrêmement complexe voit son identité devenir au mieux de plus en plus floue, au pire chahutée jusqu'à sa dilution, et doit être renforcée par des valeurs fortes. Il s'agit « *de faire société* », explique Jean-François Claude. Un système de valeurs est l'addition « *d'idéaux plus des objectifs* ». Où va-t-on et pourquoi ? Quel but ? Quel sens ? Pour ce spécialiste des valeurs, celles-ci ont cinq vertus essentielles : elles sont constitutives d'une « âme de l'entreprise », aident à traverser les péripéties sans secousse grave, constituent une « signature » face aux pressions extérieures, génèrent une compétence collective plus performante que la somme des compétences individuelles, et donnent du sens à des salariés soucieux de la qualité de vie au travail, en soulignant une relation plus personnelle que technique. C'est, en définitive, « *Un lien social légitime qui donne envie de travailler pour autre chose que soi-même* », conclut J.-F. Claude.

Conséquences, les chartes et codes de valeurs sont désormais incontournables. Aujourd'hui, 95 % des grandes entreprises américaines, 40 % des entreprises japonaises et 62 % des cent premières entreprises françaises en sont pourvues. Reste qu'il ne faut surtout pas confondre un système de valeurs à vocation commerciale, du type respect du client, qualité des services, respect de l'environnement, avec les valeurs internes qui doivent s'inspirer des réalités et de la culture perçue et revendiquée par les salariés de l'entreprise. « *Se contenter de la diffusion des valeurs est sans effet, car elles sont vite mises en doute et perçues comme du "philo-pipo"* », souligne le journal *Le Monde* dans un article consacré à la vie au travail[1].

L'agence de communication Wellcom, auteur d'un « indicateur des valeurs d'entreprise », soulignait d'ailleurs, dans son édition de 2003, « *une confusion dans grand nombre de sociétés françaises entre une vision "identitaire" ou marketing des valeurs, proche de l'identité de marque (innovation, satisfaction clients), et une vision "éthique" (intégrité, transparence), portée le plus souvent par les professionnels des ressources humaines, qui vise à donner un guide de conduite aux entreprises* ».

Résultat, « *un maelström gentillet et consensuel qui ne veut rien dire, mais promet invariablement, "un monde meilleur"* », note l'hebdomadaire *CB News* dans un dossier intitulé « Nous avons tous les mêmes valeurs ! » : « *Un discours unique et aseptisé pour ne fâcher personne. Pourquoi tant d'uniformité, de creux, tant de rien ?*, questionne CB News. *D'abord, parce qu'une prise de parole de l'entreprise entraîne une implication à plus haut niveau, avec plus de décisionnaires, et donc une frilosité terrible. À vouloir mettre d'accord dircoms, DRH et DG, on risque de perdre son âme, d'autant plus que l'entreprise, en ces temps difficiles, ne veut pas se permettre de ne pas plaire.* »

Raison de plus pour travailler sur la construction de valeurs directement avec les salariés. Celles-ci doivent, effectivement, être en prise avec la représentation des métiers, la nature du travail, la pyramide des ages, l'équilibre hommes/femmes, les représentations symboliques de l'entreprise (« virilité » dans la sidérurgie, « méticulosité » dans la recherche pharmaceutique, « courage » dans l'exploration pétrolière), son histoire, ses racines.

Par exemple, dans les métiers héritiers du feu (comme la métallurgie ou la cimenterie), il faudra prendre en compte le sentiment fort d'attachement aux signes de ce qui semble être une dernière « chevalerie ». « Nous sommes les derniers seigneurs des forges

---

1. *Le Monde*, 30 janvier 2007.

d'antan », diront des responsables de four dans une usine cimentière. Et pour cause, ils côtoient chaque jour des monstres chauffés à 1 600°. Autre exemple, à la RATP, la laïcité est une valeur véritablement partagée et unanimement évoquée. À la Ligue contre le Cancer, on soulignera un profond engagement quasi « humanitaire » dans un combat autant social que sanitaire.

Les valeurs internes doivent faire sens et trouver une résonance réelle auprès des salariés, sous peine d'incompréhension, de rejet et donc d'échec. Ainsi, en 2000, les salariés français d'un constructeur allemand d'automobiles virent arriver un beau matin dans leur maison-mère une charte des valeurs, applicables « immédiatement », qui devaient être déployées par l'encadrement. En synthèse, une « signature » en allemand, totalement ésotérique, intraduisible en français, et surtout dénuée de tout ancrage avec la réalité de l'entreprise. Les chargés de communication du siège, volontaires et disciplinés, ne parvinrent même pas à trouver une traduction commune, chacun ayant une interprétation personnelle. Imaginez alors l'effet sur le personnel logistique au fond des entrepôts, ou les ouvriers dans les chaînes de préparation des véhicules…

La communication interne doit donner du corps aux valeurs et montrer en quoi celles-ci participent à la stratégie de l'entreprise.

Les savoir-être du communicant interne

En 2005, l'AFCI (Association française de communication interne) publiait un des premiers référentiels du métier et des compétences du responsable de com' interne, baptisé RCI[1] (un premier document avait été élaboré en 1994). L'association y décrit les grandes mutations du métier, les missions et activités du communicant, mais également les « savoir-être », c'est-à-dire les « *qualités personnelles, qui peuvent être innées, mais également s'acquérir ou se développer à travers l'exercice professionnel* ».

…/…

1. AFCI, *Communiquer au cœur des organisations : un métier*, 2005.

.../...

Au titre de ces qualités, l'AFCI énumère :

- l'ouverture : curiosité, ouverture aux autres pour une meilleure compréhension des situations et des enjeux ;
- l'adaptabilité pour faire face aux changements (et aux interlocuteurs), en saisissant les opportunités ;
- l'empathie pour entretenir avec les autres des relations de confiance ;
- la créativité pour découvrir de nouvelles idées et innover ;
- l'influence : une certaine capacité de persuasion est parfois utile ;
- la diplomatie permettant de « conduire les relations avec tact et finesse » ;
- l'initiative : le communicant doit accepter de prendre des risques pour agir ou avancer ;
- l'organisation : définir des objectifs, analyser un contexte, élaborer un plan d'action, proposer un mode de fonctionnement nécessitent un « bon » sens de l'organisation ;
- l'orientation vers le résultat : capable de travailler sous pression, le communicant ne ménage ni son temps, ni son stress, et « mobilise son énergie pour atteindre ses objectifs » ;
- la coopération : favoriser les échanges, travailler en réseau, animer son équipe sur « la base d'un sens commun partagé » sont des qualités également indispensables.

Le paradoxe des valeurs
ou comment une vertu devient un vice ?

Si recourir aux valeurs est désormais essentiel, les énoncer ne garantit pas que ce qui en découle soit vertueux et légitime. Ainsi, une étude réalisée en 2004 montrait que les grandes entreprises françaises partagent le même « Top 10 » de valeurs, à savoir : innovation (31,7 %), intégrité/honnêteté (26,4 %), responsabilité (26,4 %), esprit d'équipe (23,3 %), satisfaction client (23 %), rapidité/réactivité (14,3 %), environnement (13,6 %), qualité (13,1 %). Cela les rend inopérantes, car des valeurs qui paraissent par trop artificielles (et que dire de celles que l'on retrouve à l'identique entre deux concurrents mortels ?) produisent une destruction de valeur :

- parce qu'un dispositif de valeurs artificielles devient (pour ceux chargés de les mettre en place sans trop savoir pourquoi) un exercice de pure forme, voire une infantile « récitation » que l'on ânonnera pour faire plaisir à sa hiérarchie ;

– parce que des valeurs « fausses » rendent les salariés dubitatifs quant à la pertinence de la stratégie de l'entreprise sur le thème « s'ils ont été capables de produire une telle ineptie, qu'en est-il des orientations importantes ? » ;

– parce qu'elles sont assimilées à un message de nature publicitaire avec lequel elles se confondent souvent ;

– parce qu'elles laissent à penser qu'elles servent l'entreprise à « se donner bonne conscience » ;

– parce que de fausses valeurs moralisent les comportements en introduisant un manichéisme dangereux, distinguant artificiellement ceux qui sont « biens » et ceux qui « ne sont pas dans la ligne » ;

– parce qu'artificielles, elles paraissent comme un simple phénomène de mimétisme, l'entreprise se conformant sans conviction aux modes de management en cours.

On se trouve donc face au paradoxe suivant : une entreprise sans valeurs résiste moins bien aux turbulences de la vie économique qu'une société avec des valeurs fortes, mais une entreprise ancrée sur de « fausses » valeurs détruit plus d'énergie que les autres en période de crise.

Un « facilitateur » de contradictions et un garant de l'équilibre

La perfection n'existe pas en communication interne, pas plus que la certitude et encore moins la vérité. Le responsable de communication interne doit naviguer sans cesse entre le souhaitable, le possible et le réalisable, tenter de résoudre les contradictions (de la direction, du management, entre siège et filiales, commerciaux et administratifs, informaticiens et ingénieurs mécaniques…), et être un garant de l'équilibre des différentes forces qui tendent l'entreprise.

Un « pompier » anti-crise

Crises, fusions, restructurations, problèmes sanitaires… Les responsables de communication interne sont sur tous les fronts et de tous les combats. Il s'agit d'éteindre des rumeurs, de rompre le silence, de rassurer, de limiter les dégâts dus aux emballements médiatiques, de reprendre, parfois, la parole, mais également d'écouter… et la liste n'est pas exhaustive ! D'autant que la crise peut devenir un système de management.

Mais qu'est-ce qu'une crise ? Selon un consultant spécialisé, c'est *« une cascade d'événements, un manque d'information, une surprise, des tensions exacerbées qui génèrent une perte de contrôle (voire une panique) dans l'entreprise »*. En résulte le constat suivant : une crise, c'est *« un moment exceptionnel, imposant un mode de gestion exceptionnel, c'est la gestion de tensions, d'attentes fortes et du facteur temps, avec l'exacerbation de conflits latents… l'ensemble souvent observé et scruté par l'extérieur de l'entreprise »*. Et les sources de crises sont considérables : cession de filiale, fermeture ou migration de sites, fusion ou acquisition, délocalisation, réorganisation, externalisation, négociation salariale, conflits interservices, accidents du travail, intégration d'une nouvelle technologie, d'un nouveau *process* productif, sans oublier les rumeurs… La communication interne est alors en première ligne.

Il lui faut à la fois intervenir sur le front de l'information pour diffuser les bonnes « données » ou médiatiser le projet, être sur le terrain pour remotiver le management, participer aux discussions en cas de mouvement de grève ou d'occupation de site, rassurer les salariés, endiguer la résurgence de conflits interpersonnels et accompagner sa direction (pour, à la fois, remonter des informations et organiser le discours de l'entreprise). *« Une politique de communication de crise ne se résume pas à la création d'une cellule dotée d'outils techniquement adéquats »*, rappelle une spécialiste. Et le discours de crise n'est pas un discours de mobilisation, d'imposition ou de promotion. *« C'est un discours d'explication qui livre aux différents publics une interprétation des événements par une remise en contexte qui fera apparaître la crise et les moyens de la maîtriser sous un nouvel angle. Il s'agit de réinscrire l'événement dans la continuité du temps et de la stratégie. »*

──────────────── « La rumeur m'a tué » ────────────────

Sondage : Quelle est la première source d'informations des salariés français pour les nouvelles importantes ? Le réseau des managers ? La direction générale ? Le journal interne ? L'intranet ? Les réseaux de com' ?

Aucun ! Selon la dernière étude du cabinet ISR – 40 000 personnes interrogées en Europe –, c'est la rumeur : 67 % des salariés français (contre seulement 41 % au Danemark) se disent en effet informés des décisions importantes de leur entreprise par cet archaïque mais terriblement vivace média. « *Insaisissable, interactive et intersubjective, la rumeur fonctionne sur tous les circuits de sociabilité avec des variantes de contenus selon le lieu où elle court* », soulignent les auteurs de l'étude. « *Et elle n'est pas synonyme de fausse information. La rumeur communique en parallèle une nouvelle qui correspond à une attente d'intérêt général qui n'a pas été satisfaite par les circuits d'information traditionnels. Nous y voyons surtout un déficit de management. Les bons managers sont de bons communicants. Or, la rumeur enfle, la plupart du temps, lorsque les dirigeants maîtrisent mal leur communication. La rumeur est symptomatique d'une communication lente et réactive.* »

Et les cadres sont au même régime avec « seulement » 50 % de « rumeuristes ». Ce qui inquiète les analystes, c'est la progression exponentielle du chiffre (plus 8 % en moins de quatre ans). Cette croissance serait la conséquence directe d'un déficit en matière de communication alimenté par plusieurs facteurs : tout d'abord, la focalisation des directions d'entreprises sur des objectifs à court terme, empêchant ainsi de communiquer sur le moyen et long terme et laissant le champ libre à tous les fantasmes ; ensuite, d'autres études le montrent, une rupture de plus en plus grande entre l'entreprise et ses salariés, lieu de tension alors qu'on en attend un substitut de « contrat social ».

On peut également y ajouter deux nouveaux facteurs : la pression du « tout communiquant » et la prééminence de la forme sur le fond en matière de communication interne. En effet, l'obligation pour tous de devenir des « porte-parole », des relais d'opinions y compris pour des managers qui n'en ont ni le goût, ni l'envie, ni les capacités, provoque une crispation générale de la parole et un appauvrissement du sens bien pire que l'antique langue de bois (qui elle, au moins, était plus ou moins volontaire et marquait justement un désir de contrôle alors qu'aujourd'hui tout le monde craint un dérapage). La communication ne doit pas être une punition mais une liberté. Conséquence : combien de communications mal maîtrisées, ânonnées, alimentent par leur déficience les rumeurs les plus variées ?

Quant à la dictature de la forme (l'effet « télé » là encore), il est désormais temps de retrouver des convictions « éditoriales », c'est-à-dire une politique du sens au service de contenus précis, vérifiés, certifiés, garants d'une « sincérité d'entreprise ». Car les études montrent également *« qu'il y a une véritable corrélation entre la performance d'une entreprise et le sentiment des salariés que leur management les tient vraiment informés des problèmes qui les concernent »*, précise l'étude ISR. Une étude internationale a même *« dévoilé l'existence d'un lien entre les compétences en communication des cadres dirigeants et la performance boursière »*, conclut le directeur d'ISR France.

Un organisateur de l'affectif et des échanges symboliques

L'émotion prend une part de plus en plus importante dans le management et la communication. Il faut combiner savoir-faire et savoir-vivre, panser les blessures, limiter les humiliations, rappeler que tous ont besoin de chacun. Les symboles font fonction de repères. Et il faut toujours garder en tête que faute de signes positifs, on recherche des signes négatifs.

Un soutien du management par la valorisation des réalisations et des bonnes pratiques

Le soutien du management par la valorisation des réalisations et des « bonnes pratiques » est essentiel car la communication interne ne doit pas communiquer uniquement sur des intentions mais également mettre en scène le quotidien.

Un gestionnaire de l'air du temps

Enfin, s'il faut de l'intuition, il faut aussi de la sensibilité pour maîtriser de nouveaux paramètres comme « l'air du temps » et les grandes tendances qui traversent à la fois la société et la communication. C'est une nécessité aujourd'hui, et elle est d'autant plus importante que les salariés sont de plus en plus sensibles aux courants de mode, qu'ils soient managériaux ou simplement créatifs. On ne soulignera jamais assez l'extraordinaire impact de la télévision sur la culture artistique (et graphique) des spectateurs. La richesse de ce qu'on appelle les « habillages » télévisuels (génériques, décors, plateaux…), renouvelés de plus en plus fréquemment, aiguisent chez les Français le goût de la nouveauté et impose une esthétique propre à ringardiser de nombreux dispositifs de communication interne !

Entretien avec Boris Eloy, directeur de la communication du groupe Servair et président de l'UJJEF

La communication interne a enterré les « Temps Modernes »

Comment résumeriez-vous la communication interne ?

B. Eloy : *L'avènement de la communication interne a définitivement marqué la fin des « Temps Modernes » à la Chaplin, c'est-à-dire qu'elle a enfin permis de s'intéresser (avec réalisme et non un simple paternalisme) aux salariés de l'entreprise. C'est le lien indispensable entre tous ceux qui construisent l'âme de l'entreprise. On sait que les salariés ne travaillent plus uniquement pour une rémunération. Ils sont à la recherche de sens. La communication interne, c'est ce qui doit donner du sens au quotidien du travail et permettre à un individu de trouver un intérêt à ce qu'il fait. La communication interne a permis le passage d'une conception tayloriste industrielle des rapports dans l'entreprise à la notion de management, de passer du « salarié-outil » au collaborateur respecté, sans naïveté pour autant : elle sert à faire comprendre les enjeux et mettre du sens dans les actions de chacun. Avant, nous étions dans un univers où le salarié n'avait qu'à écouter les consignes, produire et poser le moins de questions possibles. Je dirais en quelque sorte que la communication interne est la fille naturelle de mai 68 et des recherches de Palo Alto.*

Quelle est la mission prioritaire ?

B. E. : *La communication interne est avant tout un métier de grande patience parce qu'on touche à l'imaginaire et à l'affectif. Nous assumons* *parfois un peu du travail des « psy ». Les priorités sont doubles : faire comprendre les enjeux (tant à la direction générale qu'à l'ensemble des salariés) et s'imposer comme un rouage managérial aussi important que la RH, la direction financière ou la direction commerciale.*

Mais nous avons également un peu la fonction de « fous du roi ». Le directeur de la communication peut tout dire, doit tout dire, y compris ce qui gêne. C'est dans notre fonction et notre rôle de conseil. En définitive, une équipe de communication interne est un peu comme une fusée à trois étages : c'est le garant des fonctions « régaliennes » (le contrôle de l'image, le management de la charte, les relations avec la presse…), un centre de conseil interne, destiné tant à la direction générale qu'au management et à l'ensemble des salariés, et une « boîte à outils » (en charge des documents importants : plaquettes, journaux, sites intra et Internet…).

Quelles sont les principales difficultés ?

B. E. : *La démultiplication des messages. Nous avons tous développé des réseaux et des outils qui permettent de s'adresser à chaque salarié, en perdant une notion essentielle : l'importance des relais d'information. En passant de la notion centraliste de « l'information c'est le pouvoir » à celle plus efficace de « l'information pour tous », nous avons permis aux salariés d'avoir en quasi-temps réel toute l'actualité de l'entreprise, quitte à les saturer. Il faut donc remettre en place un système permettant une pédagogie et un partage de l'information.*

Quelles tendances fortes avez-vous constatées ?

B. E. : *La communication interne a vécu une accélération spectaculaire. Le salarié se comporte désormais comme le consommateur qu'il est par ailleurs. Il est devenu curieux, exigeant sur l'information qu'il reçoit, et veut savoir tout, tout de suite. En quelques années, nous sommes passés pour ainsi dire du « journal de campagne » au* podcast *en temps réel, ce qui implique que nous traitions et hiérarchisions une quantité d'informations de plus en plus grande, avec des rythmes de plus en plus courts et néanmoins une qualité irréprochable. L'ère d'un réel et nouveau management de l'information est arrivée. Dans l'idéal, nous devons travailler sur deux types distincts de circuits : les médias d'information rapide et les médias de « commentaires », ceux-ci étant relayés par des porte-parole pour accompagner, expliquer, s'assurer que les messages ont été bien interprétés. C'est le retour de la société en réseaux.* ■

Les trois fonctions primaires de la communication interne

L'ensemble de ces missions peuvent s'organiser autour de trois axes majeurs qui constituent, aujourd'hui, les trois fonctions primaires de la communication interne.

La fonction repères intègre l'ensemble des données permettant de mieux comprendre l'entreprise, son organisation, sa structure, ses marchés, l'environnement… Il s'agit de donner des clefs aux salariés pour mieux appréhender ses missions.

La fonction miroir répond à la fois à la demande de « terroir » et de proximité, comprenant les problématiques de métiers, incluant également le fameux adage « parlez-moi de moi, il n'y a que ça qui m'intéresse ».

La fonction boussole, quant à elle, donne la direction, précise où doit aller l'entreprise, en décrit les enjeux, les défis, souligne les efforts à accomplir, le chemin à parcourir, les étapes-clefs.

Figure 4 : Les fonctions primaires de la communication interne

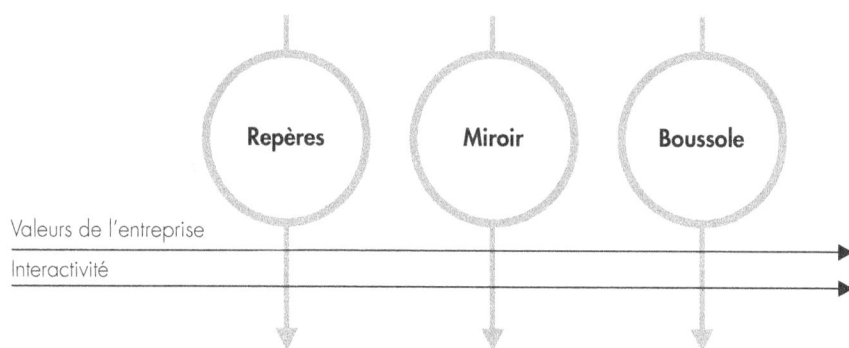

L'ancrage autour des valeurs différenciantes de l'entreprise doit être une permanence transversale du dispositif. L'interactivité doit faire exister la communication interne comme une plate-forme d'échanges et de mise en contact de salariés à la recherche d'un « terroir ».

Les principaux facteurs de réussite

Réussir sa communication interne est donc un exercice difficile, fluctuant, nécessitant une écoute et une remise en question permanentes. Ce qui marche aujourd'hui peut très bien être un facteur d'échec demain. Les modèles ne sont pas toujours reproductibles et la loi de cause à effet peut être inopérante. Reste que quelques règles élémentaires peuvent contribuer au succès. On en retiendra trois : la fin du message unique, le management de « vraies » valeurs d'entreprise et l'équilibre entre information et communication.

La fin du message unique pour des salariés de plus en plus matures

Les salariés sont eux aussi complexes, changeants, de plus en plus segmentés et ont des attentes contradictoires. Un plan de communication interne ne peut plus reposer sur un dispositif unique, simple, universel, descendant de la direction générale à destination de tous avec un outil commun. Il faut désormais penser système, dispositif, mariant à la fois les outils (papier, électroniques…), les différents médias (lettres d'information, magazines, journaux de sites, intranet, affichages, réunions sectorielles, mails…), et savoir adapter les messages en fonction non seulement d'une stratégie de « terroir », mais également des publics de plus en plus hétérogènes. Penser qu'un journal interne pour tous suffira est une erreur. Qu'un média « chaud » relayé par du « froid » est la panacée, aussi. Il faut, à la manière du marketing, affiner son plan en fonction des cibles, du lectorat, des différents comportements. On parle déjà, comme dans les techniques de la grande distribution, de marketing « *one to one* », c'est-à-dire de la possibilité d'acheminer un message parfaitement personnalisé à un salarié lui aussi parfaitement identifié. Les premiers intranets, personnalisés en fonction du profil, du métier ou du poste, sont d'ailleurs déjà déployés dans les grandes entreprises françaises. La page d'accueil de chacun est alors personnelle, unique, et les salariés peuvent encore la « customiser » en choisissant des flux d'informations supplémentaires. Dans les médias imprimés, les nouveaux outils comme les plates-formes collaboratives d'édition permettent, eux aussi, de personnaliser des contenus à moindre coût et dans les délais imposés. Demain, le salarié d'une filiale chinoise trouvera dans le journal interne du siège des actualités qui lui seront propres ou mutualisées avec ses voisins de bureau. Et les commerciaux pourront disposer d'autres informations que les administratifs, toujours à partir de la même base de données de contenus, le tout sous la supervision de la communication interne du groupe.

Le management de « vraies » valeurs d'entreprise

Les responsables de communication interne doivent non seulement faire vivre un système de valeurs, mais surtout peser de tout leur poids et de toute leur intelligence pour imposer le partage de valeurs véritables, au risque de voir l'édifice entier soumis à la suspicion et à la perte de crédibilité (sur cette question, se reporter au passage sur le paradoxe des valeurs ci-dessus).

Trouver un équilibre entre information et communication

Enfin, il s'agit également de maintenir en permanence un équilibre difficile entre l'information et la communication en se rappelant que :

▶ l'information, c'est le message qui prime sur le lien, c'est avoir le souci du message indépendamment de la cible ;

▶ la communication, c'est faire primer le lien sur le message, avoir le souci de la cible en prenant en compte, comme le souligne Bruno Paillet, l'idée selon laquelle « *ce que nous avons communiqué, c'est ce que l'autre a compris* ».

Les deux sont indispensables. L'information pour la véracité des faits, le message sans artifice, et la communication pour l'écoute de l'autre, le partage. Informer ne suffit pas. « Mon président pense qu'à partir du moment où il s'est exprimé, il a communiqué », déplorait une directrice de la communication lors d'un séminaire professionnel. C'est sans compter que l'écoute de chacun est unique. *« En communication interindividuelle, il est distingué quatre niveaux dans le mécanisme de transmission d'un message : ce que je pense, ce que je veux dire, ce que je dis, ce que l'interlocuteur comprend »*, explique Thierry Libaert[1]. Une complexité que renforce Bernard Werber en introduisant six « filtres » supplémentaires.

« Entre :

- *ce que je pense,*
- *ce que je veux dire,*
- *ce que je crois dire,*
- *ce que je dis,*
- *ce que vous avez envie d'entendre,*
- *ce que vous croyez entendre,*
- *ce que vous entendez,*
- *ce que vous avez envie de comprendre,*
- *ce que vous croyez comprendre,*
- *ce que vous avez compris,*

il y a dix possibilités qu'on ait des difficultés à communiquer. Mais essayons quand même. »[2]

---

1. Thierry Libaert, *Le plan de communication*, Dunod, 2003.
2. Bernard Werber, *L'encyclopédie du savoir relatif et absolu*, Albin Michel, 2000.

Qu'est-ce que la communication interne ?
Verbatims de dircom

- « La communication interne, c'est l'ensemble des échanges qui s'établissent entre les membres d'une organisation leur permettant de coexister et de travailler ensemble. »
- « C'est faire adhérer les salariés à une politique et/ou une stratégie d'entreprise. »
- « C'est donner du sens et refléter la vie de l'entreprise. »
- « Participer à l'épanouissement des collaborateurs et leur permettre de partager l'évolution de l'entreprise. »
- « C'est donner envie aux salariés de s'impliquer. »
- « L'objectif essentiel est de fédérer autour d'un projet commun. »
- « C'est rassembler l'ensemble des acteurs pour travailler dans la même direction. »
- « C'est avant tout aider à fluidifier les échanges et faciliter le fonctionnement de l'ensemble pour atteindre des objectifs. »
- « C'est organiser les échanges dans l'entreprise, et maîtriser les vecteurs de transmission en interne. »
- « C'est expliquer, choisir et convaincre. »

Entretien avec Bertrand Cizeau,
directeur de la communication de Cetelem

« L'appropriation d'une information passe nécessairement par la crédibilité du discours »

Quelles sont les grandes fonctions de la communication interne ?

B. Cizeau : *Les missions de la communication interne oscillent entre deux priorités : informer et favoriser l'adhésion. Et informer, dans un groupe mondialisé comme le nôtre, présent dans près de 30 pays, n'est déjà pas une mission facile. On oublie toujours, quand on parle de communication interne, les problèmes d'accessibilité à l'information. Or, nous nous devons d'assurer l'égal accès des salariés, de Paris jusqu'à Bangkok, simultanément et dans tous les bureaux. Et dans « information », il y a également*

« décryptage », « explication », « accompagnement ». La communication a donc aussi une mission de pédagogie. Or, à l'heure où l'on observe que les collaborateurs ont adopté un comportement de consommateur par rapport à l'entreprise qu'ils considèrent véritablement comme une marque, le décryptage des événements qui les touchent est une nécessité. D'autant que l'avenir est devenu, globalement, une source d'inquiétude.

Quelle place occupe le journal dans la communication interne d'une entreprise comme Cetelem ?

B. C. : *Le rôle primordial d'un journal interne est de favoriser le discours sensible par rapport aux contenus rationnels d'antan. La notion de bien-être au quotidien est entrée dans l'entreprise. Il s'agit donc de la relayer, de la rendre vivante en son sein et de répondre à une montée en force des attentes affectives des salariés. On constate d'ailleurs que les lecteurs d'un journal interne sont, aujourd'hui, parfois plus réceptifs à ce qui a trait aux valeurs réelles de l'entreprise, à son éthique, à son rôle dans la société, qu'à sa stratégie…*

Si vous deviez retenir deux grandes tendances actuelles…

B. C. : *À l'instar de ce qu'on observe dans la presse grand public, je dirais que l'information perd de plus en plus vite sa valeur dans le temps, d'où un manque d'intérêt croissant pour le format « news magazine », par opposition à la forte montée en puissance de la communication « on-line », essentiellement de nature « chaude ». Parallèlement, on assiste à une forte demande de sujets « hors business », qui correspond à l'affect que chacun met dans sa vie professionnelle. Aujourd'hui, les gens ne perçoivent plus l'entreprise comme un simple moyen de subvenir à leurs besoins matériels : ils veulent s'y épanouir, y vivre bien. Découvrir le quotidien et les qualités des collaborateurs qui les entourent intéresse autant les salariés qu'une synthèse sur la dernière convention annuelle… On s'aperçoit que si l'adhésion au projet d'entreprise est une valeur de plus en plus difficile à faire partager (accompagnée de la fin d'une certaine naïveté vis-à-vis de l'entreprise), le lien culturel, voire social, lui, demeure essentiel. Une communication interne efficace aujourd'hui doit également s'attacher à rendre les relations entre salariés plus chaleureuses, plus vraies.*

Enfin, je pense que communications interne et externe sont de plus en plus indissociables. Nouvelles technologies, mobilité, multiplication des médias… tout cela rend la circulation de l'information extrêmement rapide et son accessibilité de plus en plus étendue. Comme il n'est pas rare de constater que le destinataire exclusif d'une donnée ne soit pas le premier – voire le seul – à la recevoir, des informations concernant un public interne peuvent aisément circuler à l'extérieur de l'entreprise. Il s'agit donc de renforcer la cohérence entre discours internes et externes.

Quel est aujourd'hui le frein le plus important en matière de communication interne ?

B. C. : *Assurément, et c'est urgent de s'y intéresser, la langue de bois. Elle est encore bien trop présente dans les publications d'entreprise. Or, l'appropriation d'une information passe nécessairement par la crédibilité du discours. Le risque est de passer du « pas crédible au pas audible ». Combattre la langue de bois est donc également une mission de la direction de la communication. Nous devons la repérer, la mettre en lumière et expliquer à tous les acteurs que c'est un facteur de perte de valeur. À l'inverse, parler vrai favorise l'adhésion des salariés au projet d'entreprise et contribue à leur redonner confiance. Or, la réassurance de tous est une nécessité. Tout est de plus en plus rapide, complexe, les salariés sont souvent inquiets. Dans ce contexte, la langue de bois est un accélérateur d'angoisse.* ■

CHAPITRE 5

Du discours et de la méthode

Comment construire une stratégie de communication interne ?

Toute stratégie de communication se construit grâce à un processus itératif nourri d'analyses, de choix successifs, de classement et de hiérarchisation des priorités. De l'identification des objectifs au plan de communication et aux choix des outils, les étapes sont nombreuses. Et comme les fameuses poupées russes, chacune d'elles doit pouvoir s'emboîter dans la précédente avec un souci permanent de cohérence et d'équilibre. C'est une méthodologie qui comporte au moins six phases de réflexion. Il s'agit de :

▶ identifier et hiérarchiser les objectifs de communication stratégiques de l'entreprise ;

▶ analyser et segmenter les publics visés ;

▶ définir une stratégie relationnelle (en fonction notamment du climat social) ;

▶ évaluer l'image existante de l'entreprise et sa perception par les différents publics, définir des valeurs partageables ;

▶ définir ce qui servira de véritable « boussole » stratégique ;

▶ construire le plan de communication.

Cette méthodologie va permettre de ne rien laisser au hasard, de faire valider chaque étape par les différents acteurs de la stratégie, mais également de s'assurer de la faisabilité d'un plan de communication interne. Autant de raisons pour y apporter une attention toute particulière.

Identifier les objectifs

Première pierre de l'édifice, essentielle : identifier ses objectifs. Que doit servir la communication interne ? Quels sont les objectifs ? Pour quoi faire ? Qu'en attend-on ? Et dans quels buts ? Voilà les questions fondatrices.

Ce qui apparaît comme une évidence, voire une banalité (?), est pourtant une denrée rare dans le quotidien des entreprises. Combien de fois des responsables de communication ont-ils reçu l'injonction de mettre en œuvre un « plan de com' » sans avoir d'objectifs clairement définis ? Pire, combien de fois a-t-il été envisagé de lancer un journal interne (doctement construit et rubriqué) sans en connaître les objectifs ? Simplement pour sacrifier à une tendance ou pour communiquer, « un point c'est tout ». Communiquer quoi ? La question reste posée.

Définir les objectifs n'est ni simple, ni évident, et rien n'est plus désastreux pour l'efficacité d'un dispositif que de vouloir appliquer ou répliquer un modèle standard. L'enjeu est essentiel : les missions de la communication interne ne seront pérennes que si, à la fois, elles servent la stratégie générale de l'entreprise, répondent aux attentes prioritaires des salariés et sont en cohérence avec la réalité de l'institution (de son positionnement sur le marché à la pyramide des âges, en passant par la culture identitaire). Ce triptyque est indissociable. Trouver un équilibre harmonieux est un des actes fondateurs d'un plan de communication interne.

Ainsi, les objectifs doivent être à l'intersection de trois ensembles.

Figure 5 : Les objectifs à l'intersection de 3 ensembles

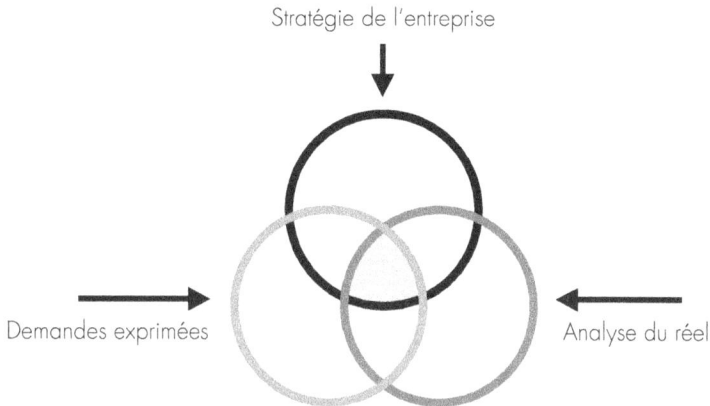

Stratégie de l'entreprise

Demandes exprimées

Analyse du réel

La stratégie de l'entreprise

La communication interne est évidemment un instrument de management et doit accompagner, expliquer, voire éclairer la stratégie de l'entreprise et celle de ses dirigeants. Aussi, il est indispensable de la connaître, de l'analyser, éventuellement d'en hiérarchiser les thématiques lorsque les enjeux sont multiples et complexes, et de définir clairement le rôle que doit prendre la communication interne. Chaque axe estimé « stratégique » doit ainsi être passé en revue.

On pourra, par exemple, analyser :

- *La stratégie de développement* : l'entreprise est-elle en croissance rapide ou au contraire dans une phase de consolidation ? Se développe-t-elle « naturellement » sur un marché porteur ? A-t-elle des projets d'acquisition ou de rapprochement ? Cherche-t-elle de nouveaux marchés à l'international ?

- *La stratégie produit et marketing* : quelle est la politique produit ? À court terme et pour les années à venir ? Une nouvelle gamme est-elle en préparation ? L'offre est-elle en recomposition ? De nouveaux segments marketing sont-ils à l'étude (marché des seniors, des jeunes, offre « premium », etc.) ? Certains produits vont-ils muter ou être abandonnés ? Quelle politique de prix est définie ? Quelles sont les relations avec les distributeurs ou le réseau ?

▶ *La stratégie d'organisation* : quels sont les priorités de l'organisation ? Les grands programmes fonctionnels en cours (organisation en *business units*, regroupement des fonctions supports, transversalité des fonctions du groupe, plans de progrès, programmes d'économies, etc.) ?

▶ *La stratégie des ressources humaines* : mobilité, politique de recrutement, évolution des carrières, formation des jeunes, emploi des seniors, évolution des compétences, relation avec les écoles et les universités, pyramide des âges, parité dans l'entreprise... Chaque composante de la stratégie des ressources humaines doit être analysée. Il s'agit de comprendre la dynamique sociale de l'entreprise pour mieux ancrer le futur plan de communication dans la réalité.

▶ *La stratégie industrielle* : ne pas oublier, dans les entreprises industrielles, de passer également en revue les grands axes de la politique industrielle : ouverture (ou fermeture) de sites, déploiement du dispositif, capacités de production, rénovation des outils, acquisition de nouvelles machines, politique de grand entretien, programme sécurité et qualité...

Cette liste n'est évidemment pas exhaustive et demande à être affinée en fonction de la structure et de la « personnalité » de chaque entreprise. Tout ce qui est appelé à évoluer, à se modifier, à muter doit être pris en compte et alimenter les réflexions des communicants.

Les attentes et les demandes des salariés

Deuxième axe d'analyse permettant l'identification des objectifs : les attentes des salariés. Il n'y a point de communication interne efficace qui ne repose et réponde à de véritables besoins. C'est, entre autres, ce qui permettra, par la suite, un vrai partage du plan de communication par tous (ou presque). Sans l'écoute des salariés, il n'y pas d'adhésion. Cette phase est là encore essentielle et pourtant souvent largement négligée. Dans l'absolu, l'idéal est de disposer de données sérieuses recueillies lors d'un audit de communication et/ou social (ce dernier touchant généralement à des sujets plus vastes tels que l'organisation ou les rémunérations, il peut s'avérer moins directement exploitable pour un plan communication mais peut être une source d'informations très intéressante).

Rien de tel en effet que d'interroger des salariés pour connaître leurs attentes, leurs besoins, leurs craintes et leurs espérances, la perception de leur rôle dans l'entreprise et la nature du « contrat social » qu'ils imaginent. Sans oublier de les interroger sur le quotidien : connaissent-ils réellement le périmètre de l'entreprise ? La richesse de son offre de produits et de services ? L'ensemble de ses marques ? Sa stratégie de développement ? Plus prosaïque : sont-ils capables de dessiner rapidement l'organigramme ? Connaissent-ils les instances dirigeantes ?

Contrairement à toute attente, les résultats sont souvent stupéfiants et tendent à prouver que l'on pèche toujours par excès d'optimisme quant à la connaissance de l'environnement quotidien du salarié. C'est la raison pour laquelle la communication interne ne doit pas craindre la répétition et ne jamais écarter ce qui peut paraître comme une évidence.

Une stratégie de communication pertinente devrait donc s'enrichir d'une connaissance fine de ses « publics ». Une trentaine d'entretiens dits « qualitatifs » en tête-à-tête, menés par un professionnel des études, suffit généralement pour identifier les principales attentes. Dans les entreprises où la culture est homogène, les attentes principales et les souhaits exprimés le sont également. Résultat (tous les spécialistes pourront l'attester), dès le quinzième entretien, les thèmes essentiels sont sortis, les suivants permettant de confirmer la véracité des premiers « verbatims ».

On peut ensuite mener une enquête « quantitative » auprès d'un panel représentatif de salariés (ou de l'ensemble si l'entreprise n'est pas trop étendue, par exemple 110 000 salariés sur cinq continents) pour avoir une certitude statistique et classer les thèmes en fonction de leur récurrence. Et pour aller à l'encontre de nombre d'idées reçues, un audit préalable de communication n'est ni une « usine à gaz », ni un investissement douloureux s'il est bien mené avec bon sens et professionnalisme. Six semaines et une dizaine de milliers d'euros suffisent souvent. C'est pourtant souvent sur ces *a priori* que les entreprises campent pour justifier qu'elle n'ont pas de données. En France, moins de 10 % des briefs de communication interne sont étayés par un audit !

Reste dès lors la fameuse intuition des communicants, enrichie néanmoins des informations dont ils disposent, de « radio moquette » aux discussions de « cafétéria », en passant par l'analyse des nombreuses réunions auxquelles ils assistent, sans oublier leur propre réseau de collecte de l'information.

Quelles que soient les sources, les thèmes à approfondir doivent être, *a minima* :

▶ *La visibilité stratégique de l'entreprise* : les salariés connaissent-ils et partagent-ils la stratégie de l'entreprise ? Dans toutes ses facettes (développement international, offre produits, stratégie marketing, etc.) ? Ont-ils une connaissance des enjeux ? Des grands objectifs (chiffre d'affaires, marge opérationnelle, périmètre…) ?

▶ *La connaissance des marchés sur lesquels l'entreprise opère* : structure et segmentation des marchés, évolution des modes de consommation, impact des technologies nouvelles, et surtout nature et positionnement des concurrents. On serait surpris de constater à quel point un salarié lambda sans pédagogie préalable, a, une méconnaissance des concurrents avec lesquels il est pourtant censé se confronter régulièrement. Erreurs d'interprétation et d'appréciation sont monnaie courante, confortées par la surdité des directions générales pour qui la concurrence est une évidence, alors que ces informations figurent parmi les premières attentes. Exemple édifiant : en 1991, lors d'une enquête préalable à un plan de communication interne chez McDonald's France, la plupart des salariés interrogés sur leurs concurrents citaient spontanément Burger King ou Quick, alors que le véritable danger s'appelait Cafétéria Casino, Flunch ou encore Pizza Hut, puis, plus tard, StarBuck Café. Une méconnaissance qui permettra au géant de la restauration rapide de faire de l'analyse détaillée de ses concurrents un des leviers efficaces de sa communication interne.

▶ *La connaissance des produits* : dans la même démarche, analyser la connaissance réelle que les salariés ont des produits de l'entreprise est indispensable. Là encore, les dirigeants pèchent régulièrement par excès d'optimisme. Cette connaissance est souvent partielle, aléatoire (certaines gammes ont une bonne visibilité, d'autres pas), et surtout rarement actualisée (sauf pour les *blockbusters*, à savoir les produits vedettes qui représentent une part essentielle du chiffre d'affaires).

▶ *La connaissance de l'organisation et des différents métiers* : l'organisation de l'entreprise, avec ses finesses et ses complexités, est également à prendre en compte, ainsi que l'ensemble des métiers. Les entreprises ont là un trésor qu'elles occultent trop souvent, privilégiant les services ou les savoir-faire en vogue (en oubliant les autres), du comptable au chauffeur-livreur.

La confrontation avec le réel

Enfin, le dernier axe à analyser est ce que l'on pourrait appeler le « réel » de l'entreprise, à savoir l'ensemble des données objectives la définissant. Il s'agit de la structure sociale, de la position de l'entreprise sur ses marchés, de l'environnement global de la communication, tant interne qu'externe, des codes culturels et des valeurs revendiquées. Cela paraît comme une évidence, et pourtant la « photographie » de l'entreprise n'est que trop rarement exploitée dans la construction d'un plan de communication interne.

Combien d'entreprises, par exemple, s'évertuent à dessiner une communication « jeune » alors que la moyenne d'âge des salariés avoisine les 40 ans ? Pourquoi la communication est-elle généralement ancrée dans des codes plutôt masculins alors que les femmes représentent plus de 50 % des effectifs ? Or, on ne construira pas la même stratégie ni les mêmes outils dans l'un ou l'autre cas. Choix des thèmes, nature des outils, territoires d'expression, choix des mots, code des couleurs, mise en pages ou choix graphiques, tous les éléments doivent être cohérents et s'inscrire dans la culture réelle de l'entreprise.

Jusqu'au choix typographique ! On ne dira jamais assez combien la typographie peut être l'acte premier et fondateur de tout territoire de communication : ronde, aiguë, masculine, féminine, classique, moderne, « branchée », intemporelle, anglo-saxonne, « française », à empattement ou « bâton »… c'est le choix du caractère qui, à bien des égards, va non seulement définir une identité spécifique, mais également initier le reste d'un dispositif de communication. Une typographie élégante, traditionnelle, arrondie avec des italiques, inspirera le raffinement, la quiétude d'une entreprise légèrement à l'écart du temps, respectueuse d'un patrimoine mais pas franchement moderne. À l'inverse, une typographie dite « à la mode », carrée, avec de larges bâtons, évoquera le dynamisme d'une entreprise à l'écoute des tendances, soucieuse de faire le lien entre passé et présent, à mi-chemin entre le féminin et le masculin, irriguée d'une énergie créative (que l'on imagine dans l'ensemble de ses actions).

Ce type d'analyse permet de ne rien laisser au hasard et de construire une véritable cohérence entre culture, aspirations et stratégie. Au point d'ailleurs de marquer une époque, comme Airbus, Toyota ou Microsoft avec la redécouverte de l'Helvetica. Ainsi, *Le Monde* célébrait, dans son édition d'avril 2007, les 50 ans du prestigieux caractère en ces termes : « *Cette police, par sa sobriété, expression du design helvétique de l'époque (1957) qui plébiscite le "démocratique chic", tend à optimiser la communication au mépris de l'expression artistique.* » Et le quotidien du soir de conclure : « *L'épure de sa ligne facilite la lisibilité. La typographie, alors, s'efface derrière le message pour lui laisser toute sa force. Une sobriété qui convient aux produits génériques et formules chocs de l'ère du tout commerce. D'où son succès.* »

Il en va de même des signes que l'entreprise met en scène dans sa communication interne.

Exemple de fiche diagnostique pour analyser la composition d'une entreprise

Structure sociale de l'entreprise

- Typologie des salariés : pourcentage de cadres, agents de maîtrise, ouvriers.
- Pyramide des âges.
- Niveaux hiérarchiques en vigueur (structure courte ou au contraire fortement hiérarchisée, nombre de lignes intermédiaires).
- Grandes tendances du management.
- Référents communs ou codes spécifiques de populations distinctes (par exemple, importance de la culture industrielle, sens du service, représentation des métiers…).
- Climat social moyen.
- Codes culturels en vigueur dans l'entreprise (centre de gravité culturel, langue « officielle »).

L'entreprise et ses marchés

- Position économique sur le marché et par rapport aux concurrents.
- Contexte général (fusion, regroupement, cession de certaines activités, recentrage sur l'activité historique, etc.).
- Système de valeurs revendiqué.

L'environnement de communication

- Médias existant dans l'entreprise (sites intranet, Internet, revue de presse, journaux internes, lettres d'encadrement, documentation commerciale, affichage…).

…/…

.../...

- Univers de communication de l'entreprise (campagnes presse et TV, rapport annuel...).
- Périodicité des outils de communication et cycles de prise de parole.
- Éléments de notoriété ou d'images (analyse de notoriété, fond de marque, prisme d'identité...).
- Existence de charte graphique, bible stylistique.
- Éventuelles enquêtes de lectorat déjà réalisées (même anciennes).
- Tests ou études réalisés sur l'entreprise (perception de son positionnement, de sa communication, de ses produits...).

Analyser et segmenter les publics concernés : le choix des cibles

Une fois les axes fondamentaux identifiés et renseignés, vient le choix de la ou des cibles. Il s'agit de segmenter les cibles, de choisir ses publics en privilégiant une règle simple : communiquer, c'est trouver la meilleure adéquation avec le destinataire. Autrement dit, à l'inverse de l'information, lorsqu'on communique, c'est le lien qui prime sur l'objet. D'où la nécessité de savoir à qui l'on s'adresse. Trois grands types de segmentation sont envisageables : la segmentation hiérarchique, la segmentation métiers et la segmentation géographique.

La segmentation hiérarchique

Il s'agit de définir une population « cible » définie par sa fonction et son rang dans l'organisation. Par exemple :

▶ Le top management : les directeurs d'unités, les 120 premiers « salaires », voire moins (lors d'une période difficile de rapprochement avec un de ses concurrents, une grande compagnie d'assurance française a même conçu un plan de communication interne pour les 50 *gold managers* dont la définition primaire était qu'ils percevaient des salaires supérieurs à 1 million de francs à l'époque).

▶ Les cadres, avec la nécessité de trancher entre le statut légal et ceux qui ont effectivement des missions d'encadrement de salariés. De nombreux agents de maîtrise ont d'importantes responsabilités d'animation et d'encadrement. Dans certains cas, on peut choisir de privilégier uniquement ces derniers.

▶ Les cadres et agents de maîtrise.

▶ Tous les salariés.

▶ Les salariés des sites de production ou encore ceux rattachés aux directions régionales.

▶ Les retraités (des entreprises comme GDF ou EDF ont longtemps publié des magazines qui leur étaient réservés), etc.

La segmentation métiers

Une communication peut être réservée aux métiers particulièrement exposés ou nécessitant des messages spécifiques. Par exemple :

▶ Les forces de vente et le réseau commercial.

▶ Les directions essentielles comme l'informatique ou la direction des achats. La plupart des grandes directions achats des entreprises nationales ou multinationales ont aujourd'hui des plans de communication propres, comme à la Société Générale ou encore à la SNCF. En effet, l'entreprise publique achète pour plus de 5 milliards d'euros par an grâce à plus de 500 agents. À la fin des années 90, un plan d'économie prévoyait de réduire ce montant de quelque 300 millions d'euros. Pour sensibiliser l'ensemble des acteurs et des « consommateurs » (les grands services de la SNCF), un plan de communication interne spécifique fût lancé. Objectifs définis : solidariser les agents de la fonction achats, consolider un véritable professionnalisme autour du métier d'acheteur, informer et sensibiliser les « clients internes » aux enjeux de la politique achats et favoriser la communication et le décloisonnement au sein de la délégation. Une première analyse de la communication interne de la SNCF avait identifié pas moins de cinquante thèmes prioritaires à communiquer et expliquer. Cela justifiait bien un plan spécifique.

▶ De la même manière, on pourra également s'intéresser aux équipes recherche et développement, à la direction industrielle (surtout lorsque le tissu industriel est étendu et diversifié, comme dans l'industrie chimique ou pharmaceutique), etc.

La segmentation géographique

Enfin, la notion de terroir et de proximité étant essentielle en communication interne, toutes les segmentations géographiques sont également envisageables : par régions, par pays, par groupements de pays pour les entreprises les plus internationalisées (par exemple, la zone Asie, la zone Maghreb, le Proche-Orient, les Pays Baltes…), ou par segmentation de la politique commerciale (de type Europe et pays en voie de développement).

Et comme choisir ses cibles est constitutif d'une stratégie de communication, on peut envisager selon les besoins et les attentes tous les croisements possibles, à savoir :

▶ Segmentation métiers avec la segmentation hiérarchique : l'ensemble des cadres de la force commerciale.

▶ Segmentation métiers et géographique : l'ensemble des forces de vente et le réseau de distributeurs en Europe, ou toutes les équipes de la direction informatique Europe et Moyen-Orient.

▶ Segmentation géographique et hiérarchique : cadres et maîtrise en Europe du Sud, tous les salariés des sites de production français, etc.

Un conseil : il faut toujours vérifier que la segmentation RH en application dans l'entreprise soit pertinente et en adéquation avec la stratégie de communication définie. Par exemple, choisir tous les cadres ne garantit pas que l'on ait l'ensemble du public visé. Dans beaucoup d'entreprises, des « encadrants » n'en ont pas le statut bien qu'ils coordonnent des équipes (et vice versa, de nombreux cadres n'encadrent qu'eux-mêmes). Lorsqu'il s'agit d'aider au management ou de faire évoluer des pratiques collectives, comme par exemple améliorer le déroulement des entretiens annuels d'évaluation ou optimiser l'organisation et la prise de décisions dans les réunions, la nuance est importante. L'analyse de la segmentation sociale de l'entreprise est souvent difficile mais néanmoins indispensable. Tout est toujours affaire de choix.

Définir une stratégie relationnelle

Connaître l'équilibre des forces sociales

La définition et la hiérarchisation des objectifs doit également prendre en compte l'équilibre des forces sociales, c'est-à-dire s'adapter, si possible en temps réel, aux différentes énergies et freins qui traversent l'entreprise. Ils auront évidemment un impact sur les choix d'un plan de communication. « *Ce qui fait le changement : l'énergie que les acteurs lui consacrent* », écrivent Olivier d'Herbemont et Bruno César, spécialistes de la conduite de projets difficiles en entreprise[1]. « *On voit d'abord que les acteurs se divisent entre ceux qui consacrent beaucoup d'énergie au projet et ceux qui lui consacrent peu d'énergie. L'expérience montre que ces derniers sont généralement de loin les plus nombreux : entre 40 et 80 % d'une population donnée.* »

En fait, on peut classer schématiquement ces courants en quatre « forces » :

▶ *Les neutres*, adeptes du « on verra bien », attentistes vis-à-vis de l'entreprise, ne s'engageant jamais réellement pour ou contre une thèse ou une cause, mais qui ne sont pas forcément malveillants. Ils peuvent éventuellement être transformés en alliés avec de la persuasion.

---

1. Olivier d'Herbemont et Bruno César, *La stratégie du projet latéral*, Dunod, 1996.

▶ *Les hésitants*, adeptes du « pourquoi pas ? », mais qui peuvent être néanmoins bienveillants. Ils sont prêts à suivre si l'on sait se montrer suffisamment convaincant ; ils sont également suscepti-bles de devenir hostiles si on les « braque ».

▶ *Les alliés*, optimistes de nature et partants pour toutes les aven-tures. Convaincus que l'entreprise dans laquelle ils travaillent fait les bons choix, ils sont une force de soutien essentielle dans le développement des grands chantiers.

▶ *Les hostiles*, partisans du non quoiqu'il advienne. C'est une popu-lation que la communication interne touche peu, voire irrite, les renforçant dans leur sentiment que tout est manipulation, contrainte et épreuve de force, et surtout ce qui vient de la direc-tion et de ses services. Cela entraîne une animosité qui, dans une grande entreprise industrielle française, s'était traduite par cette formule aussi lapidaire que savoureuse à propos du journal interne : « *presse patron, presse-citron !* ».

Figure 6 : Du neutre à l'hésitant, la posture relationnelle

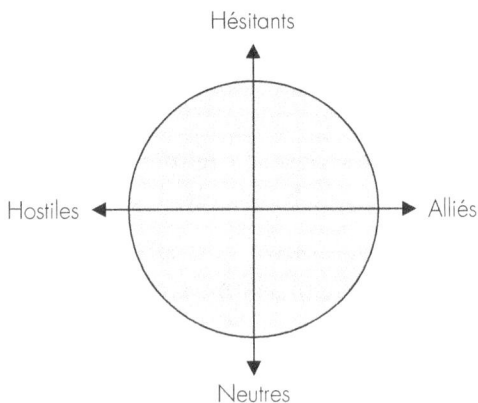

Toutes les entreprises sont traversées et segmentées par de tels courants. On peut même aujourd'hui affiner les différents com-portements ainsi que leur définition. Une enquête Ipsos dressait

en 2005 une nouvelle typologie autour des quatre familles de salariés :

- Les fusionnels, représentant environ 15 % des sondés, déclarent une forte implication dans leur entreprise (plutôt dans les PME et chez les plus de 50 ans).
- Les épanouis, 24 %, généralement cadres.
- Les non impliqués, 40 %.
- Les désabusés, pour qui « rien ne sert à rien » 21 %.

Une autre étude, menée au niveau européen en 2004 par le cabinet Towers Perrin sur « le niveau d'engagement des salariés », et reprise notamment sur le site Internet de l'UJJEF, constatait, quant à elle, trois grands groupes de salariés :

- Les « pourquoi pas ? », qui acceptent les efforts et s'investissent dans leur travail.
- Les « pourquoi s'embêter ? », qui sont tout simplement désintéressés.
- Et, la majorité, les « à quoi bon ? », qui travaillent de façon routinière.

Et l'étude concluait d'ailleurs que le « *plus marquant est en effet le niveau homogène de désengagement des salariés : 20 % des employés en Europe, 18 % en France, soit plus ou moins un salarié sur six qui n'éprouve aucun attachement vis-à-vis de son entreprise* ».

Trouver une « posture » relationnelle

Une fois l'équilibre des forces connu, le climat estimé, il convient d'orienter la communication interne en fonction d'une « posture relationnelle » définie, c'est-à-dire en adoptant un parti pris dynamique de relation avec les salariés, ce que l'on peut également appeler une « stratégie relationnelle ».

Les règles de choix d'une posture sont assez simples : plus l'environnement est composé d'une population hostile et/ou hésitante (ou, en d'autres termes, des « à quoi bon ? » et des « pourquoi s'embêter ? »), plus la communication interne devra s'inscrire dans un registre d'information, avec un ton neutre et en respectant le plus possible la fameuse loi journalistique des 5 W (en anglais), à savoir : quoi ? Quand ? Qui ? Pourquoi ? Où ?

Les raisons sont doubles : premièrement, seule une posture d'information, c'est-à-dire distanciée et dénudée de toute interprétation, est acceptable pour une cible elle-même distanciée de l'émetteur de l'information ; deuxièmement, tout prosélytisme naïf ne fait que renforcer les hostiles dans leurs convictions négatives vis-à-vis de l'entreprise.

À l'inverse, plus on évoluera dans un climat allié ou neutre (les « pourquoi pas ? »), plus il sera possible d'adopter une posture et une tonalité prosélytes, enthousiastes, dynamiques, renforçant l'adhésion. Le propre du prosélytisme étant de pouvoir s'appuyer sur de l'information inédite, spectaculaire, car facilement mémorisable et surtout racontable et partageable.

La réalité est pourtant souvent inverse : plus une direction générale se sent en climat hostile, plus elle essaye d'être chaleureuse, enthousiaste, exaltante. Mais c'est une grave erreur qui accroît généralement la distance séparant une hiérarchie de ses salariés.

Un exemple simple : c'est en climat allié que l'entreprise peut le mieux capitaliser et utiliser comme élément fédérateur ses grands succès commerciaux. Le « méga » contrat signé la semaine dernière en Chine par l'équipe développement pourra alors être traité comme une véritable saga, en présentant les différentes phases, les acteurs en présence, voire quelques indiscrétions sur les ultimes incertitudes avant la dernière réunion. Et ce récit alimentera les discussions de couloirs et les débats de la cafétéria. Le même contrat raconté avec enthousiasme dans un climat majoritairement hostile passera pour une ultime et naïve vantardise d'une entreprise « à la traîne ». Ainsi évoluent et s'inversent les perceptions.

Figure 7 : L'information en fonction de la posture relationnelle

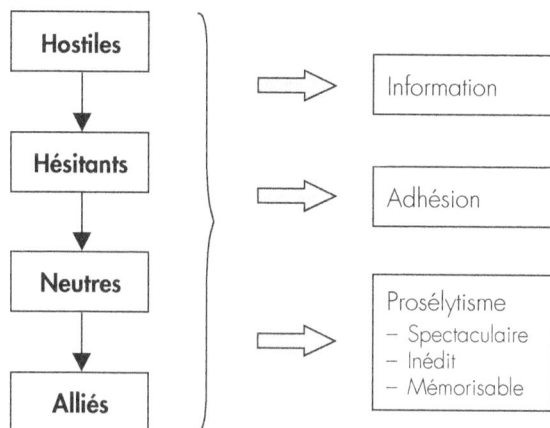

Le prisme d'identité : l'entreprise a-t-elle une âme ?

Analyse de la représentation symbolique

Dernier axe d'analyse, celui de la représentation symbolique et du territoire d'expression de l'entreprise. C'est la réponse, en quelque sorte, à la question « L'entreprise a-t-elle une âme, et si oui, laquelle ? Il s'agit de savoir comment les salariés (et la direction) perçoivent l'entreprise dans ses moindres facettes, du caractère (sympathique, courageuse…) à l'image (sophistiquée, moderne, féminine, virile…).

Un outil simple d'analyse et de synthèse permet de dégager de façon rapide et cohérente les perceptions exprimées, sous-jacentes ou inconscientes des collaborateurs de l'entreprise : c'est le prisme d'identité de l'entreprise.

Cette méthode est inspirée de celle créée dans les années 80 par deux spécialistes de la « marque ». D'une part, Jean-François Variot (publicitaire et président fondateur de l'agence Equateur), et, d'autre part, Jean-Noël Kapferer (économiste, professeur à HEC et membre de l'*American Marketing Association*), qui imaginèrent le « prisme d'identité de marque », destiné à analyser et définir un territoire de marque « *par une analyse structurelle, opérationnelle et sémiologique* » de celle-ci.

Principes

Le principe est le suivant : chaque marque peut se définir par un prisme composé de six faces[1]. Celles-ci représentent ainsi :

- « *les attributs physiques : ce sont les caractéristiques physiques des produits qui portent la marque ;*
- *la personnalité : comme pour un individu, un produit acquiert également une personnalité, telle qu'elle est perçue par les consommateurs ;*
- *la relation : chaque marque s'installe dans un rituel de consommation ou de relations interindividuelles auxquelles elle contribue ;*
- *la culture imaginaire : pour se construire et irriguer les relations de consommation qu'elle accompagne, la marque fait appel à des clichés tout faits tirés de l'imagerie populaire ou portés par la culture ambiante ;*
- *le reflet de la marque renvoie à l'idée que les autres consommateurs se font des adeptes de cette marque ;*
- *la mentalisation de marque conforte ou non l'idée que l'on se fait de soi et concerne la façon dont vous concevez pour vous-même les valeurs associées aux marques que vous consommez.* »

Il s'agit alors, en s'appuyant sur des données réelles de représentation de l'entreprise ainsi que sur des études et des séries d'entretiens, d'alimenter les six facettes.

Illustrations et décodage

Le physique : toute marque est également caractérisée par un physique. Elle peut être ronde, rouge et puissante (Coca-Cola),

---

1. Jean-François Variot, *La marque post publicitaire*, Village Mondial, 2001.

argent, chromée et étoilée (Mercedes), carrée, moutarde et moderne (La Fnac), etc. Le physique comprend l'ensemble des éléments de représentation de la marque (logo, signature, charte graphique…), mais aussi sa gestion de l'espace (habillage des boutiques, signalétique, organisation des linéaires ou des concessions…), ainsi que des codes véhiculés par sa communication (de l'affichage aux films TV, sans oublier l'édition commerciale, le marketing opérationnel…). « *C'est la base de la marque,* estime J.-N. Kapferer, *sa valeur ajoutée tangible. C'est le registre traditionnel de la communication : il correspond au savoir-faire, au positionnement classique.* » Mais ce n'est pas toujours aussi simple que l'on pourrait le penser. « *Par exemple,* poursuit J.-N. Kapferer, *la couleur noire est-elle partie de l'identité de Coke ? Si oui, alors il ne peut exister un Crystal Coke, même si Crystal Pepsi existe. De même, les Menuiseries Lapeyre ne sont plus exclusivement liées au bois, matériau pivot de l'enseigne, mais couvrent le PVC et le métal.* »

La personnalité : toute marque à sa personnalité. « *Dès lors qu'elle communique, elle acquiert un caractère* », rappelle Jean-Noël Kapferer dans son ouvrage – fondamental – sur les marques[1]. C'est un caractère perçu par ses consommateurs et… ses détracteurs. On peut ainsi l'imaginer comme puissante, arrogante, moderne, traditionnelle (par exemple Hermès), « traditionaliste », turbulente et transgressive (comme Virgin qui en a même fait une signature, si ce n'est une stratégie !), respectueuse de l'histoire et de ses racines (comme Michelin), « techno-turbulente » (le modèle Google), immuable (la Banque de France), chic (Chanel), militante (Leclerc), bienveillante (La Mutualité Française), laïque et républicaine (La Poste). « *La Vache qui Rit est bienveillante et généreuse, Ricard est bon vivant, optimiste, gai et épanoui* », note J.-N. Kapferer. La richesse des traits de caractère n'a de limites que celles de la perception humaine et de ses interprétations.

---

1. Jean-Noël Kapferer, *Les marques : capital de l'entreprise*, Éditions d'Organisation, 1998.

Une relation à la marque : une marque est une relation, notamment parce qu'elle est « *souvent l'occasion d'une transaction entre personnes, d'un échange* ».

L'analyse de ces six faces permet de définir un territoire unique de perceptions et d'expressions, et constitue une identité de marque. C'est ce qui permet par exemple à des concurrents, dont l'offre et le positionnement sont très proches, d'avoir néanmoins des territoires d'expression parfaitement différenciés et des stratégies de marque propres : Orange n'est pas SFR, Auchan n'est pas Carrefour, Danone n'est pas Nestlé, Yves Saint Laurent n'est pas Guerlain et Audi n'est pas BMW. C'est également ce qui permet de définir les frontières entre simple marque et marque de luxe, et entre luxe et une vraie « griffe ».

L'imaginaire (ou la culture) de marque : c'est « *un des principes fondamentaux qui gouvernent la marque dans ses manifestations* », note encore J.-N. Kapferer. « *Par culture, il faut entendre un système de valeurs, source de l'inspiration de la marque. Ainsi, Apple est le produit d'une culture californienne au sens où cet état représente une éternelle frontière sur le plan symbolique* ». En définitive, il s'agit également de ce que le consommateur imagine et projette sur la marque.

Le reflet : c'est l'autre côté du miroir de la mentalisation. Le reflet exprime le statut que renvoie la consommation d'un produit de la marque. « *Interrogés sur telle ou telle marque automobile, les interviewés leur attribuent immédiatement un destinataire, un conducteur type : c'est une marque pour VRP ! Pour pères de famille ! Pour frimeurs ! Pour vieux beaux ! Par sédimentation de sa communication et ses produits les plus marquants, la marque bâtit toujours un reflet, une image de l'acheteur ou de l'utilisateur auquel elle semble s'adresser.* »

Pour reprendre un des exemples ci-dessus, on cherchera le reflet du propriétaire de la grosse BMW noire aux yeux d'un piéton lambda. Et c'est là que, parfois, les analyses se compliquent, les données étant, par exemple, diamétralement opposées (ledit propriétaire pouvant être perçu comme arrogant, imbu de lui-même et égoïste). La récente mode des 4X4 en ville est également un bon exemple de « distorsion de faces ». « *Les acheteurs de 4X4, quand ils ne circulent qu'en ville, n'ont en effet pas besoin de ce genre de voiture* », analyse la sociologue M.-C. Sicard. « *Ils l'achètent sous l'emprise d'un désir. Que cherchent-ils ? Certainement pas l'admiration des foules : ils savent qu'ils ne l'auront pas, vu l'état de l'opinion. Ce qu'ils cherchent, c'est tout simplement le regard des autres, même désapprobateur, même méprisant… On les traite de tous les noms (et même, par voie d'affichage, de "gros cons", selon la Fiat Panda…4X4)* ».

La question que doivent alors se poser les communicants est la suivante : la fracture entre deux facettes contradictoires doit-elle être réduite (pour faire coïncider mentalisation et reflet), ou au contraire entretenue (pour jouer sur l'effet de rupture et de différenciation) ?

Pour finir sur l'exemple des marques automobiles allemandes, BMW cultiva longtemps la rupture, en en faisant à la fois un élément de segmentation et de marketing, alors qu'Audi privilégia l'homogénéité des faces (discrétion et sympathie), notamment pour attirer les consommateurs aisés n'assumant pas l'image agressive des conducteurs de BMW. Et inversement !

La mentalisation : plus complexe, cette facette représente la perception qu'a de lui-même un consommateur de la marque. « *La mentalisation est le miroir interne de la cible* », explique J.-N. Kapferer. « *Les consommateurs que nous sommes sont tous persuadés de ne ressembler à personne* », rappelle Marie-Claude Sicard dans un de ses derniers ouvrages[1]. « *Les marques, de même, s'enorgueillissent chacune de leur différence.* »

Ainsi, un consommateur de café dit « équitable » labellisé Max Avelard pourra se percevoir comme quelqu'un de responsable,

---

1. Marie-Claude Sicard, *Les ressorts cachés du désir*, Village Mondial, 2005.

impliqué dans une démarche de développement durable et dans le respect d'un nouvel équilibre Nord-Sud. Idem pour un propriétaire de véhicule hybride. Un sociétaire de la Macif se sent plutôt assuré-militant. Un rappeur en Nike partagera un peu de l'esprit rebelle de ses aînés américains. « *Même s'il ne fait pas de sport,* souligne Kapferer, *le client Lacoste s'auto-analyse comme membre d'un club à base sportive, un club ouvert sans distinction de race, de sexe et d'âge. Car le sport dépasse les clivages.* »

Un conducteur de Jaguar, lui, se sent forcément différent des autres automobilistes, amateur d'un confort traditionnel « à l'anglaise », aimant le cuir Conolly, le bois précieux, les voitures silencieuses, et il n'hésite pas à le prouver en arborant, au bout du capot, le célèbre félin chromé. Le propriétaire d'une grosse BMW noire se sentira forcément comme un gagnant, rapide, efficace, un de ces nouveaux décideurs, fonceurs, adeptes de la technologie (sans pour autant renier certaines valeurs bourgeoises), et en tout cas homme de goût. En 1996, Audi, filiale (alors modeste) du groupe Volkswagen, en pleine révolution marketing et technologique, disposait d'une étude extrêmement pertinente sur les perceptions par les consommateurs des trois marques allemandes Mercedes, BMW et Audi. Ainsi, Mercedes était perçue comme une baleine (lourde, puissante, imposante et plutôt carrée), BMW comme un requin (rapide, agressif, arrogant, pointu, la calandre de l'époque en avait d'ailleurs la forme), et Audi, comme un dauphin (intelligent, agile, sympathique et rond). Les publicités d'alors exploitaient pleinement ces représentations symboliques, et les acquéreurs étaient clairement segmentés. Ces perceptions alimentaient également l'organisation des habitacles. Par exemple, les propriétaires de Mercedes soucieux de faire partager leur réussite préféraient les planches de bord ouvertes vers les passagers ; ceux de BMW réputés plus jouisseurs et égocentriques plébiscitaient un tableau de bord tourné vers le poste de conduite ; et ceux de Audi, les rondeurs discrètes d'une console centrale. À chacun sa représentation de soi-même !

Le prisme d'identité : de la marque à l'entreprise

Au début des années 2000, la curiosité poussa Marie-Claude Sicard (pour les besoins d'un client de l'agence Sequoia) à étudier l'adaptation du prisme d'identité, de la notion de marque à celle de l'entreprise, c'est-à-dire la construction d'une identité de nature *corporate*, même si cette notion typiquement anglo-saxonne est sujette à discussion.

La réflexion initiale partait du constat que l'entreprise aussi est un individu polymorphe, une entité vivante, avec une identité propre, un physique, des moyens, et qui intègre des acteurs aux profils différents (commerciaux, administratifs, ingénieurs, techniciens…), ayant des perceptions proches, divergentes ou convergentes de l'entreprise à laquelle ils appartiennent. Que les salariés pouvaient, en quelque sorte, êtres considérés comme des « consommateurs » de leur entreprise, avec leur propre mentalisation, leur imaginaire. Et que tout salarié est également vecteur d'un reflet que l'on peut se faire d'une entreprise.

Ce sont ces perceptions qui vont dessiner les contours de l'entreprise et créer sa dynamique. L'entreprise est alors appréhendée comme un individu : elle va vivre et se développer en fonction du contexte dans lequel elle s'inscrit et avec les personnes qui la composent. D'autant que toutes les entreprises sont désormais aux prises avec de multiples acteurs et récepteurs, ce que les Anglo-Saxons nomment, très aisément, les « *Stake Holders* », et qui, en France, représentent à la fois les actionnaires, les prestataires extérieurs, les journalistes, les leaders d'opinion, etc.

Restait juste à modifier légèrement certains paramètres du prisme.

Principes

Le caractère ou la personnalité : l'analyse du caractère de l'entreprise est proche de celle de la marque mais doit dépasser la perception commerciale et consumériste plus spécifique de la

Figure 8 : Le prisme d'identité d'entreprise

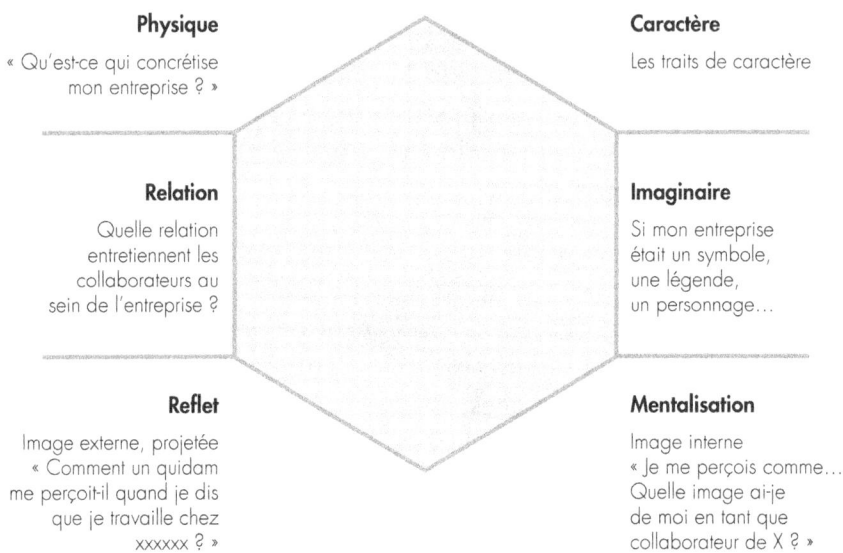

Physique

« Qu'est-ce qui concrétise
mon entreprise ? »

Caractère

Les traits de caractère

Relation

Quelle relation
entretiennent les
collaborateurs au
sein de l'entreprise ?

Imaginaire

Si mon entreprise
était un symbole,
une légende,
un personnage…

Reflet

Image externe, projetée
« Comment un quidam
me perçoit-il quand je dis
que je travaille chez
xxxxxx ? »

Mentalisation

Image interne
« Je me perçois comme…
Quelle image ai-je
de moi en tant que
collaborateur de X ? »

marque. On peut se pencher sur la culture d'entreprise (paternaliste, bienveillante, exigeante, respectueuse, transgressive), sur le management (aventureux, innovant, réfléchi, avant-gardiste, volontaire, frileux), sur la stratégie (offensive, défensive, agressive, innovatrice, « au pas de charge »), sur son rapport à l'histoire et ses racines (tournée vers le passé, fière de ses racines ou anhistorique), sa gestion des relations humaines (fortement hiérarchisée ou non, privilégiant les diplômes ou les compétences individuelles), les modes de relation (tutoiement ou vouvoiement). On peut également analyser la structure sociale : effectifs plutôt masculins ou féminins, pyramide des âges (jeunes, quadras, quinquagénaires), sans oublier les composantes du type population urbaine ou non, culture intellectuelle ou manuelle, commerciale ou technique, égocentrée ou plutôt ouverte sur le monde, comportements face aux nouvelles technologies, etc.

Le physique : il s'agit de prendre en compte les éléments distinctifs de l'entreprise : couleurs de référence, style et représentations du logo, formes fétiches, organisation de l'espace (du siège social, des succursales, des usines), design des produits, etc. Les produits et la (les) marque(s) peuvent évidemment faire partie de l'analyse, mais seulement en tant que représentations de l'entreprise.

La mentalisation : tout salarié a une image de lui-même au travers de l'entreprise à laquelle il participe :

- *Comme acteur d'une institution* : chanceux d'appartenir à une belle enseigne, fier de participer à une aventure inédite, flatté d'appartenir à une élite (sentiment fréquent dans les entreprises de hautes technologies et, paradoxalement, dans la « haute » finance), valorisé par une histoire riche et indissociable de celle de la nation, satisfait d'appartenir à une entreprise riche…

- *Comme acteur d'une collectivité* : écouté, reconnu, valorisé, protégé.

- *Comme acteur d'un métier* : impliqué dans une mission sociale, porteur d'une avancée technologique, représentant d'une éthique…

Le tableau peut bien sûr être moins enthousiaste. Un salarié peut se sentir un acteur négligé d'une organisation autiste exploitant la naïveté de consommateurs manipulés.

Certains métiers peuvent également être, dans leurs représentations, source de souffrances, voire de honte. Ainsi, dans les années 80, certains salariés du nucléaire n'osaient pas avouer leur participation à ce qu'on appelait, dans les « dîners en ville », le « lobby nucléaire ». Le fameux *Nuclear ? Nein Danke !* (« nucléaire ? Non merci ! ») des écologistes allemands était à la mode, et tout collaborateur de la filière était *a priori* suspect. À la même époque, certains équipiers chez McDonald's cachaient leur participation à la « *World Company* », stigmatisée presque chaque soir par les Guignols de l'Info de Canal+. Et que dire des salariés de certaines charges d'huissiers suspectés de « sales » besognes ?

Cette analyse est d'autant plus importante que les perceptions évoluent au gré des bonheurs ou malheurs de l'entreprise. Par exemple, à la grande époque de Jean-Marie Messier, les salariés du groupe Vivendi (surtout ceux du siège de l'avenue Hoche) se vivaient comme des privilégiés, voire une « élite » ; ils étaient les salariés d'une belle entreprise qui faisait la une de tous les magazines, menée par un patron jeune et charismatique ; ils étaient les acteurs d'une nouvelle épopée économique et culturelle, celle de la convergence des médias, de la révolution Internet, et se voyaient socialement valorisés (musique, TV, divertissements et cinéma étant éminemment respectables). Deux ans plus tard, les déboires économiques du groupe, le départ très médiatisé de Messier, le plan social qui suivit, faisaient que la plupart d'entre eux avouaient avec peine appartenir à Vivendi.

Et que dire de la perception des salariés d'une entreprise subitement secouée par une crise médiatique ? Ainsi, en 2000, la chaîne de restauration Buffalo Grill est touchée de plein fouet par la crise de la vache folle. L'enseigne est accusée (sur la base d'une dénonciation) d'avoir commercialisé de la viande étrangère, interdite d'importation. Toute la presse s'empare du sujet. En moins de 48 heures, l'enseigne et ses salariés passent de l'image d'aimable restaurant familial à celle « d'empoisonneurs » ! L'impact sur le personnel fût tel (questionnement, accusations) que le plan de communication de crise mis en place par l'agence de Buffalo (à l'époque Image Force) visa autant l'externe que l'interne avec une signature sans équivoque : « L'épreuve rend plus fort ». À l'inverse, pour reprendre l'exemple du nucléaire, aujourd'hui, travailler chez Areva ou EDF est plutôt valorisant. Les mentalités ont évolué (l'énergie nucléaire est presque devenue écologique), ces entreprises également : EDF a rénové son image, s'est ouverte au marché, s'est internationalisée, et la publicité ludique du leader français du nucléaire alliée à l'efficacité de sa très remarquable P.-D.G., Anne Lauvergeon, ont fait d'Areva un employeur envié.

Le reflet : on comprendra aisément que le regard porté sur un salarié de telle ou telle entreprise suit les mêmes arcanes. Tantôt flatteur, tantôt moqueur, parfois accusateur.

L'imaginaire d'entreprise : à l'imaginaire culturel de la marque, on substituera l'imaginaire que le salarié se fait de son entreprise. On pourra d'ailleurs utiliser des procédés d'analogie comme « si mon entreprise était un animal, quel serait-il ? » Ou « si elle était un grand homme ? », etc. C'est également ce que le salarié projette au sein de l'institution qui l'emploie.

La relation à la marque devenue entreprise : elle définit la nature du lien perçu entre le salarié et l'entreprise. Respect, indifférence, rapports de force, équilibre dans l'échange (paternaliste ou au contraire adulte et responsabilisant), etc.

Diagnostic et analyse

Comme dans le cas d'une marque, l'analyse sera conduite au regard des contradictions, des décalages, des écarts entre les facettes ou, en consultant plusieurs panels, dans une seule et même facette. Le diagnostic doit évidemment être mené en ayant en tête la culture de l'entreprise, ses métiers, ses circuits d'information, sa communication, ses grands schémas d'organisation…

Ce sont ces écarts qui vont guider la réflexion dans la construction d'un plan de communication, avec, en corollaire, la question des choix stratégiques : les contradictions doivent-elles être réduites ou résolues ? Certaines doivent-elles être maintenues ?

Le point d'équilibre est normalement atteint quand on tend vers une homogénéité des facettes.

Mais on peut également affiner le diagnostic en construisant plusieurs prismes à partir de données différentes. Par exemple, le prisme constitué à partir d'une enquête réalisée auprès des cadres, puis celui réalisé auprès des salariés. Des écarts importants peuvent êtres relevés : sur la relation à l'entreprise (les salariés peuvent la percevoir comme hautaine et distante mais pas les cadres), sur son image ou son reflet.

La construction d'un prisme d'entreprise est une méthodologie simple qui peut constituer un exercice ludique mené en réunion de groupe.

Première étape : un premier prisme est renseigné par dix personnes clés de l'entreprise. Un premier diagnostic peut alors être nécessaire en fonction des éventuels écarts repérés.

Deuxième étape : un second prisme est renseigné par un panel représentatif de collaborateurs ou, à défaut, par un corpus de l'entreprise.

Troisième étape : la mise en miroir des deux prismes constitue une base d'analyse qui permet d'identifier les forces et les faiblesses.

Figure 9 : Le prisme du journal d'entreprise

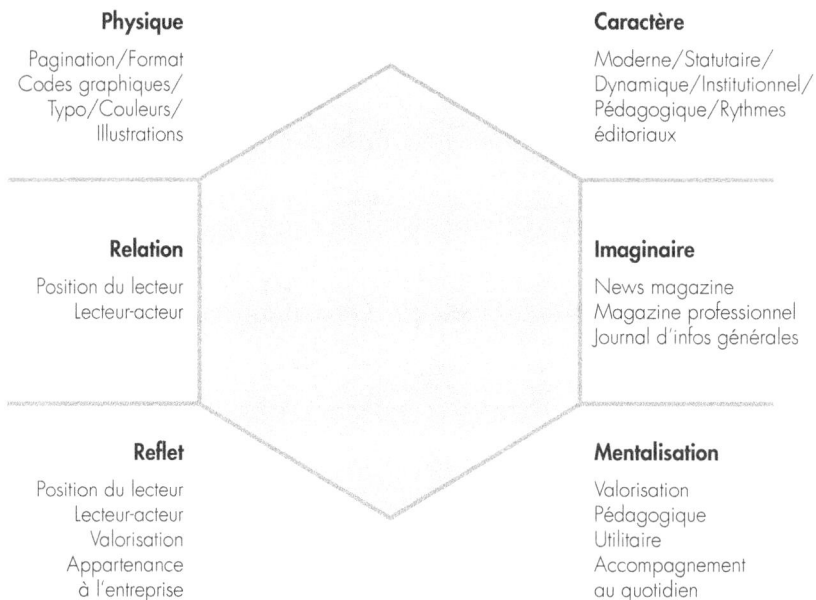

Physique

Pagination/Format
Codes graphiques/
Typo/Couleurs/
Illustrations

Caractère

Moderne/Statutaire/
Dynamique/Institutionnel/
Pédagogique/Rythmes
éditoriaux

Relation

Position du lecteur
Lecteur-acteur

Imaginaire

News magazine
Magazine professionnel
Journal d'infos générales

Reflet

Position du lecteur
Lecteur-acteur
Valorisation
Appartenance
à l'entreprise

Mentalisation

Valorisation
Pédagogique
Utilitaire
Accompagnement
au quotidien

Exemple

PRISME D'IDENTITÉ D'UN MAGAZINE INTERNE

En 2000, la filiale française d'un géant de l'agro-alimentaire américain souhaitait refondre son journal interne, destiné à l'ensemble des salariés. L'analyse du prisme d'identité du journal s'appuyait sur un audit de lectorat réalisé par un organisme spécialisé, ainsi que sur des entretiens complémentaires menés par le service de communication. Les résultats étaient les suivants :

➢ *Sur le caractère, le journal, très coloré dans sa maquette, était jugé plutôt sympathique, souriant, dynamique (avec beaucoup d'encadrés et de photos), ludique, très français (dans ses codes et son territoire d'expression), mais « peu curieux » (les informations perçues banales), et surtout d'une envergure éditoriale et stratégique sans ambition. Le principal trait de caractère était donc une « petite feuille de choux sympathique, mais sans grand intérêt ». Dommage pour un leader mondial !*

➢ *Sur le physique, le journal (un tabloïd grand format du type Figaro) était jugé comme « grand » (trop grand d'ailleurs), plutôt ancré dans la famille de la presse quotidienne régionale, avec une présence trop discrète de la marque. Le logo ne figurait pas sur la une (ce qui n'est pas discriminant), mais le territoire de marque de l'entreprise ne transparaissait même pas dans la formule. Il aurait pu être le journal de n'importe quelle entreprise, alors que les lecteurs revendiquaient une véritable fierté d'appartenance !*

➢ *La maquette était perçue comme dynamique mais confuse, avec, en définitive, le sentiment d'être plutôt en présence d'un prospectus commercial (par le nombre trop important de photos de produits, les couleurs criardes, les typographies trop variées) que d'un journal interne. D'ailleurs, dans l'étude, plusieurs salariés avaient dit en parlant du journal : « Ah, votre prospectus ! »*

➢ *La mentalisation, quant à elle, évoquait peu de choses positives : un journal où on se perd (pas de logique de lecture, pas de repérage clair des rubriques, pas d'enchaînement éditorial pédagogique…), avec, après lecture, le sentiment de ne pas avoir appris grand-chose.*

➤ **Le reflet**, lui, était plutôt catastrophique : celui d'un collaborateur peu valorisé et surtout une posture où le salarié se sentait davantage traité comme un client, avec son cortège de certitudes marketing un peu simplistes et de messages publicitaires, plutôt que comme un salarié.

➤ *Résultat*, à un **imaginaire** qui n'évoquait que la fête sympathique mais un peu puérile s'additionnait une relation chaleureuse (à cause des couleurs) mais totalement démobilisante (comment peut-on me considérer comme un client, avec un discours aussi distancié et sans aucune plus-value informative pour mon quotidien et mon métier ?). En clair, le journal, loin d'être un élément fédérateur d'une « belle » entreprise en forte croissance, était perçu comme « plutôt inutile » et franchement « infantilisant ».

La refonte s'appuya sur un prisme de toute autre nature.

➤ **Au caractère** : un magazine moderne mais sans « jeunisme », c'est-à-dire sans les artifices un peu gratuits de la presse adolescente (typographie illisible, fonds de couleurs accrocheurs et mise en page déstructurée). Sérieux, mais pas austère, curieux (le magazine doit inspirer une ouverture vers le monde, au-delà des contours de l'entreprise), humain (pas une brochure pour technologues) et accessible à tous, des « cadres sup » à l'ouvrier d'embouteillage.

➤ **Au physique** : un format résolument « News magazine », type A4, franchement journalistique, avec une vraie couverture largement titrée d'appels de lecture et une attribution nette de la marque. Il s'agissait d'aboutir à ce que, le magazine posé sur une table de réunion ou un bureau, l'identification de l'émetteur soit aussi immédiate qu'univoque.

➤ **La mentalisation** devait évoquer un lecteur bien informé, pris en compte (et non pas infantilisé), ayant du plaisir à lire. Avec comme sentiment conclusif : « je participe à la vie de l'entreprise », en tant que lecteur et en tant qu'acteur.

➤ **Le reflet** : résolument tourné vers celui d'un collaborateur (non plus d'un client) à qui on a pensé (on a écrit pour lui !), un lecteur concerné. Avec comme sensation une hiérarchie à l'écoute. « Je me sens valorisé : je travaille dans une belle entreprise. »

➤ *L'imaginaire du magazine devait être celui d'un acteur économique de tout premier plan (pas une PME provinciale), mais également un acteur social impliqué dans le tissu économique local et national (pas une* world company *égoïste), une marque puissante mais proche de ses salariés comme de ses consommateurs, avec un « zest » d'américanité (celle de la réussite, de la liberté) à la « française ».*

➤ *Enfin, la* **relation à l'entreprise** *devait être chaleureuse, adulte, informative, enrichissante, une relation mature et responsable d'une entreprise respectueuse envers ses salariés.*

Figure 10 : Prisme d'identité d'un journal interne initial

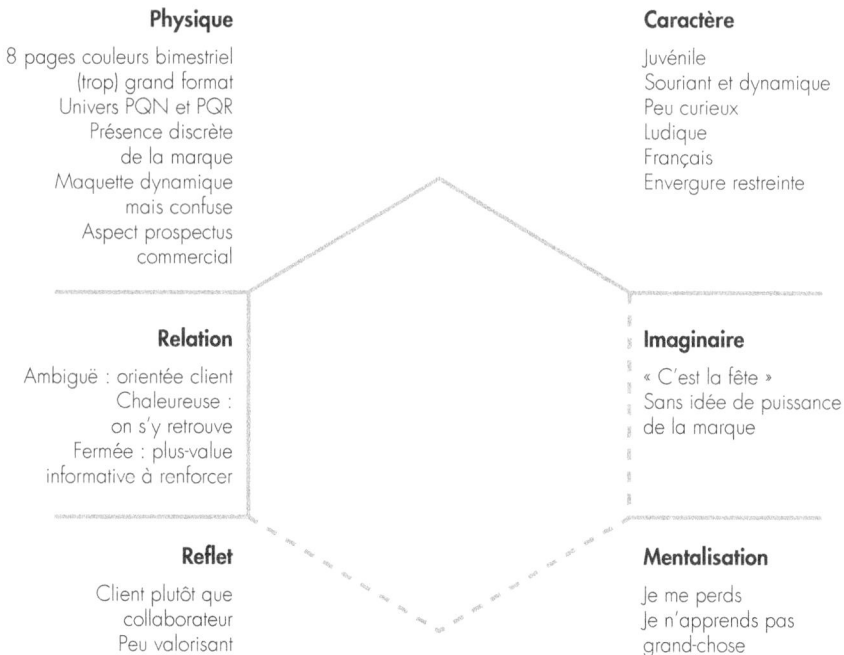

Physique

8 pages couleurs bimestriel
(trop) grand format
Univers PQN et PQR
Présence discrète
de la marque
Maquette dynamique
mais confuse
Aspect prospectus
commercial

Caractère

Juvénile
Souriant et dynamique
Peu curieux
Ludique
Français
Envergure restreinte

Relation

Ambiguë : orientée client
Chaleureuse :
on s'y retrouve
Fermée : plus-value
informative à renforcer

Imaginaire

« C'est la fête »
Sans idée de puissance
de la marque

Reflet

Client plutôt que
collaborateur
Peu valorisant

Mentalisation

Je me perds
Je n'apprends pas
grand-chose

Figure 11 : Prisme d'identité d'un journal interne révisé

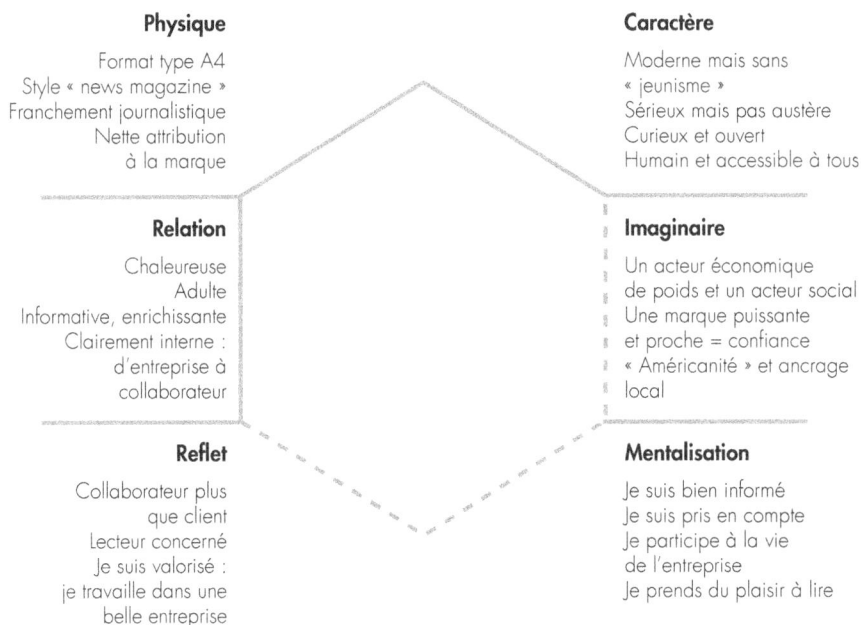

Physique
Format type A4
Style « news magazine »
Franchement journalistique
Nette attribution
à la marque

Caractère
Moderne mais sans
« jeunisme »
Sérieux mais pas austère
Curieux et ouvert
Humain et accessible à tous

Relation
Chaleureuse
Adulte
Informative, enrichissante
Clairement interne :
d'entreprise à
collaborateur

Imaginaire
Un acteur économique
de poids et un acteur social
Une marque puissante
et proche = confiance
« Américanité » et ancrage
local

Reflet
Collaborateur plus
que client
Lecteur concerné
Je suis valorisé :
je travaille dans une
belle entreprise

Mentalisation
Je suis bien informé
Je suis pris en compte
Je participe à la vie
de l'entreprise
Je prends du plaisir à lire

La boussole stratégique de communication interne

Le concept de « boussole stratégique » permet de rassembler et de synthétiser l'ensemble des données recueillies dans les cinq étapes précédentes : des objectifs et de la stratégie de l'entreprise aux éléments d'identité. On peut représenter cette boussole autour de quatre axes :

》 La stratégie de communication de l'entreprise « pondérée » par l'équilibre des forces en présence (alliés, neutres, hésitants, hostiles).

》 Les attentes des salariés.

》 Les données du réel (taille de l'entreprise, bilan social, structure hiérarchique…).

La synthèse du prisme d'identité, à savoir les éléments de culture et de valeurs (notamment les données du caractère et du physique) et la représentation symbolique de l'entreprise (mentalisation et reflet).

Figure 12 : La boussole stratégique de communication interne

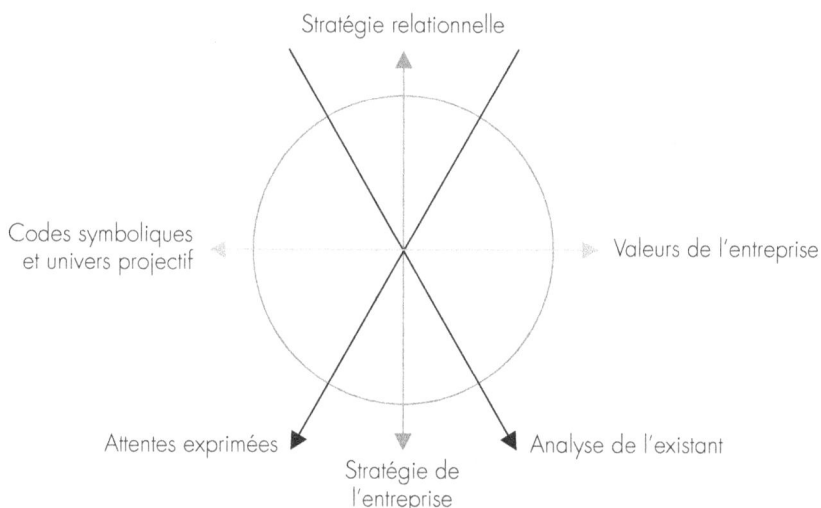

Élaborer un plan de communication interne

« *Il n'y a pas de communication d'entreprise sans plan de communication* », écrit Thierry Libaert en introduction de son ouvrage *Le plan de communication*[1]. « *Force est cependant de constater que les entreprises françaises connaissent un certain retard en ce domaine.* » Parmi les raisons soulignées par ce spécialiste, « *la déviance pratique consistant à commencer par les moyens avant toute réflexion sur les finalités. Ici se situe certainement le travers majeur de la communication d'entreprise* ». Un double constat que l'on peut également faire en

---

1. Thierry Libaert, *Le plan de communication*, Dunod, 2003.

communication interne, car c'est effectivement le plan qui va permettre à la stratégie de communication de s'incarner et prendre corps. C'est lui qui va donner le cap et surtout permettre, pour les communicants, de suivre une ligne de conduite contre vents et marées, notamment les tensions et pressions qu'un service de com' peut subir. Et pourtant, bien peu d'entreprises peuvent présenter un plan de communication interne digne de ce nom.

Les 7 fonctions du plan de communication

On peut identifier sept grandes fonctions du plan de communication interne :

- *Satisfaire les objectifs définis (et seulement ceux-ci)* : indispensables pour s'assurer de l'adhésion de l'ensemble des acteurs (direction générale et communicants), les objectifs doivent êtres définis, rédigés puis publiés. Une précaution qui permettra également de résister aux pressions récurrentes pour introduire d'autres priorités « spontanées » ou lancer des actions non prévues au plan.

- *Organiser sa réflexion et la faire partager* : le plan de com' impose de hiérarchiser l'ensemble de ses réflexions ainsi que les enjeux, les objectifs et les moyens de faire partager l'ensemble de ces choix à tous.

- *Observer les redondances et éliminer ce qui est inutile* : les étapes de construction d'une « boussole » de communication interne, d'un prisme d'identité, etc. sont forcément foisonnantes, parfois exubérantes, et en tout cas nécessairement teintées de créativité. Le plan de com', avec sa vision synthétique, permet d'identifier les éventuelles redondances et d'éliminer les lourdeurs excessives (répétitions, emballements…).

- *Optimiser les outils en fonction des objectifs et des opérations* : le plan de com' est également le premier outil permettant de faire correspondre les différents outils aux objectifs stratégiques et de phaser les opérations : lancement d'un journal interne, déploiement d'un intranet métier, création d'un séminaire pour l'encadrement, intervention du président, etc. Il s'agit d'optimiser la complémentarité des médias, de s'assurer de leur cohérence (tant en termes, par exemple, de périodicité que de « couverture » des cibles).

▶ *S'assurer de la synergie des moyens* : pas d'ambition sans synergie entre les acteurs, le réseau de communicants, les différents outils, et un subtil arbitrage budgétaire entre les priorités.

▶ *Séquencer les phases*, des objectifs aux actions, avec un calendrier : à l'impossible, nul n'est tenu ! Une stratégie ou un plan de com' ne se déploie que dans le temps. Vouloir satisfaire tous les objectifs tout de suite est, au mieux, une illusion, au pire, un facteur d'échec. Il faut donc phaser les différentes étapes, tant en termes d'atteintes des objectifs que de management des outils et des actions.

▶ *Allouer des ressources précises et correctement estimées* : un plan de com' nécessite des ressources (humaines et financières) qui doivent êtres correctement estimées et sur lesquelles le service de communication aura probablement à rendre des comptes.

Les 7 étapes essentielles du plan de communication

La construction proprement dite d'un plan peut également suivre sept étapes. Il s'agit de :

▶ Hiérarchiser et classer ses objectifs.

▶ Faire l'inventaire des thèmes « communicants » : les « unités de conviction ».

▶ Faire l'inventaire des moyens et des outils de communication existants.

▶ Définir les objectifs par publics en s'appuyant sur la stratégie globale de communication.

▶ Écrire le plan de communication en effectuant les équilibrages nécessaires.

▶ Établir un calendrier réaliste.

▶ Équilibrer l'ensemble sur tous les plans.

Hiérarchiser et classer ses objectifs

Les objectifs peuvent se classer en trois catégories :

▶ *Objectifs d'action* : ils portent en eux-mêmes une dynamique et sous-entendent, en quelque sorte, une ligne de départ et une ligne d'arrivée, avec un parcours mesurable. On peut citer, par exemple, celui de « favoriser la mobilité des salariés » (qui pourra se mesurer par le nombre de mouvements effectifs à une date donnée), ou celui qui consiste à « accompagner le plan de réduction des coûts d'achat de l'entreprise » (que l'on suivra avec différents indicateurs par économies, par métiers, par directions, etc.). Ou encore « favoriser le croisement et la fertilisation des compétences »[1] (mesurables par le nombre de dossiers partagés par plusieurs équipes ou la vitalité des *best practices* échangées). À chacun de construire sa liste : sensibiliser aux enjeux de l'entreprise, créer des passerelles entre les différentes unités, accompagner la mise en place de nouveaux *process*, expliquer une nouvelle organisation et en souligner les bénéfices, guider l'action des managers, etc.

▶ *Objectifs d'état* : ils soulignent une réalité et participent à construire un constat. On peut citer : « reconstituer le périmètre de l'entreprise » (surtout après un rapprochement ou une fusion), « expliquer la stratégie de développement » (si la croissance est un objectif prioritaire), « montrer la diversité des savoir-faire » (lorsque les métiers sont devenus flous), « affirmer une dimension internationale », « capitaliser sur de nouvelles valeurs ».

▶ *Objectifs de réaction* : ils endiguent des immobilismes et participent à modifier des comportements acquis et perturbants pour

---

1. Tous les exemples d'objectifs cités sont des cas réels.

le bon fonctionnement de l'entreprise. Il s'agit, par exemple, de « limiter l'autonomie des unités », « réduire le *turn-over* », « endiguer les comportements irrespectueux dans l'entreprise », « bousculer les immobilismes », « éteindre les querelles entre les anciens et les modernes »… Ce sont des objectifs souvent essentiels mais difficilement quantifiables et mesurables par des outils fiables (sauf audit de perception).

Les objectifs une fois listés, il faut les classer, les hiérarchiser (par exemple du plus important ou moins important, ou du plus au moins urgent) et les phaser dans le temps (par trimestre, semestre ou sur plusieurs années). Pour faciliter la tâche du communicant, cette hiérarchisation peut s'effectuer en réunion de groupe (avec un panel de cadres dirigeants ou de directeurs d'unités) et de façon ludique : on peut, par exemple, attribuer à chaque objectif des étoiles à la façon du fameux *Guide Michelin* : cinq étoiles pour les priorités de « première classe », puis quatre… et une pour les objectifs moins stratégiques.

Analyser les contenus : définir des « unités de conviction »

Les objectifs classés, hiérarchisés et phasés, le plan de communication interne peut se poursuivre en trois étapes :

- *Définition des unités de conviction* : chaque objectif est décliné en thématiques précises, en cherchant à être le plus exhaustif et le plus créatif possible.
- *Analyse des dispositifs existants* : les dispositifs existants – lettres d'information, magazines internes, arborescence d'intranet, dossiers thématiques, guides pratiques, livrets d'accueil – doivent êtres analysés dans leur contenu, et leurs thématiques doivent être classées en fonction de la pertinence des sujets par rapport aux objectifs. Réorganisés, regroupés en fonction de leur logique, les contenus existants viennent également alimenter les unités de conviction.

▶ *Classement et hiérarchisation des thématiques* : l'ensemble des thématiques est synthétisé dans un tableau synoptique.

Figure 13 : Exemples d'unités de conviction

Stratégie

– Axes de développement
– Politique RH
– Stratégie produits
– Évolution du dispositif industriel
– Politique marketing

Organisation

– Infrastructures informatiques
– Plan qualité
– Groupes projet
– Organisation des achats
– Gestion de la chaîne logistique

Éco/Marché

– Chiffres-clés
– Indicateurs de performances
– Analyse de la concurrence
– Tendance des marchés
– Comportements sociaux-culturels

Les hommes

– Formation
– Évolution des carrières
– Mobilité, recrutement
– Entretiens d'appréciation
– Agenda social
– Micro-trottoir
– Tribune
– Interviews

Inventorier les moyens et les outils de communication

Classement des thématiques et des supports

Cette analyse de contenus effectuée, on va pouvoir recomposer des ensembles logiques. Les principales thématiques, tant celles issues de l'analyse des unités de conviction que celles déjà traitées dans les médias existants dans l'entreprise, peuvent se rassembler et s'organiser dans un tableau synoptique.

La première partie accueille l'ensemble des thématiques constituant les unités de conviction : de l'organisation de l'entreprise au plan d'épargne salarial, tous les sujets jugés nécessaires et stratégiques doivent figurer.

La seconde doit tenir compte des contenus existants dans l'entreprise (il est très rare que rien ne soit déjà en place !) : il s'agit alors d'analyser les thématiques déjà traitées dans les différents supports, depuis le journal interne, s'il y en a un, jusqu'au livret d'accueil par exemple, en passant par les circulaires de l'actualité commerciale, les thèmes abordés dans le rapport annuel (s'il est diffusé en interne auprès des salariés), etc.

Si cette analyse est faite avec soin, le communicant doit se retrouver avec un tableau matricé d'une complexité étonnante. C'est en quelque sorte le « tableau de bord » des contenus de l'entreprise. Lourd, mais indispensable pour avoir une vue efficace et complète.

Organisation des thématiques et des supports

Les thématiques peuvent désormais êtres analysées et ordonnées en fonction de deux axes.

Le premier axe permettra de classer l'information en fonction de son caractère institutionnel ou de proximité. Par exemple, s'agit-il d'une information expliquant l'organisation de la fonction achats, avec ses objectifs, ses rouages et les liens avec les autres services ? Information que l'on pourra estimer à mi-chemin entre le *corporate* et la proximité (si les détails de fonctionnement sont abordés). L'annonce, politique, d'un plan de développement durable sera en revanche plutôt jugée comme totalement *corporate*. À l'autre bout de l'axe, on trouvera l'actualité commerciale d'une agence locale, l'inauguration d'une nouvelle machine sur un site de production ou une journée portes ouvertes en région.

Le second axe servira à mettre en scène la DLC, à savoir la « date limite de consultation » d'une information en fonction de sa valeur et de sa pertinence dans le temps (courte ou longue). La notion d'information à durée courte ou longue est éminemment subjective et peut dépendre des rythmes naturels de l'organisation des entreprises (saisonnalité liée aux produits ou à l'activité, périodes de production alternant avec celles de grand entretien, etc.) ou du

Tableau 1 : Classement des thématiques et des supports

Marché et Produits	Organisation	Stratégies	Événements/people	RH
• Marché • Concurrence • Environnement • Produits et offres • Stratégies marketing et commerciale • Outils de pilotage • Initiatives et actions commerciale/maillage d'expérience	• Organisation • Process • Informatique • Immobilier • Audit • Organigramme	• Bilan • Chiffres-clés • Plan d'entreprise • Stratégie groupe • Environnement du Groupe • Stratégie RSE • Politique fournisseurs	• Rencontre commerciale • Jeux concours • Vie des agences • Événementiel	• Recrutement • Rémunération • Politique salariale • Métiers • Bilan social • Actionnariat salarié • Mobilité • Politique RH • Formation
Rubriques journal interne				
• Actualité commerciale • Indicateurs	• Grand angle	• Repère • Comptes nationaux (lien avec l'intranet groupe) • La parole à... • Édito	• Initiatives • Mécénat & Sponsoring • Pratique • Agenda	• Grand angle • Bienvenue à...

.../...

Marché et Produits	Organisation	Stratégies	Événements/people	RH
		Analyse des autres supports		
▶ Information commerciale ▶ Plan marketing ▶ Argumentaires de vente ▶ Outil d'aide à la vente ▶ Guide Euro	▶ ABC bureautique ▶ Guide de procédures	▶ Rapport annuel ▶ Lettres actionnaires ▶ Guide de l'actionnaire	▶ Guide d'accueil ▶ Plaquettes dédiées	▶ Guide pratique ▶ Information sociale ▶ Catalogue des formations
		Supports transverses		
		▶ Lettres cadres ▶ Revue de la presse et panorama		

dynamisme de croissance des structures. On prendra donc soin de privilégier des valeurs moyennes comme la semaine, le mois, le trimestre, le semestre ou l'année.

Ainsi, quelle que soit l'entreprise, on peut estimer que les éléments financiers du rapport annuel sont à DLC plutôt longue, de l'ordre de l'année ou du semestre en cas de publication à six mois. L'actualité commerciale, en revanche, dépendra davantage de l'activité de l'entreprise. Dans l'industrie lourde comme l'aéronautique (par exemple chez Airbus), l'actualité commerciale est à DLC moyenne ou longue, les contrats s'échelonnent sur des années et vont donc animer l'actualité de l'entreprise pendant de longs mois. On pourra ainsi suivre la livraison d'un « gros porteur » depuis sa commande par une compagnie aérienne jusqu'à sa livraison effective, en passant par les étapes de tests et de personnalisation. C'est tout l'inverse dans la téléphonie mobile où l'on parlera plutôt de « campagne commerciale » à DLC parfois ultra courte, comme une semaine promotionnelle.

Figure 14 : Analyse des thématiques de discours en fonction de leur nature et de leur durée de pertinence

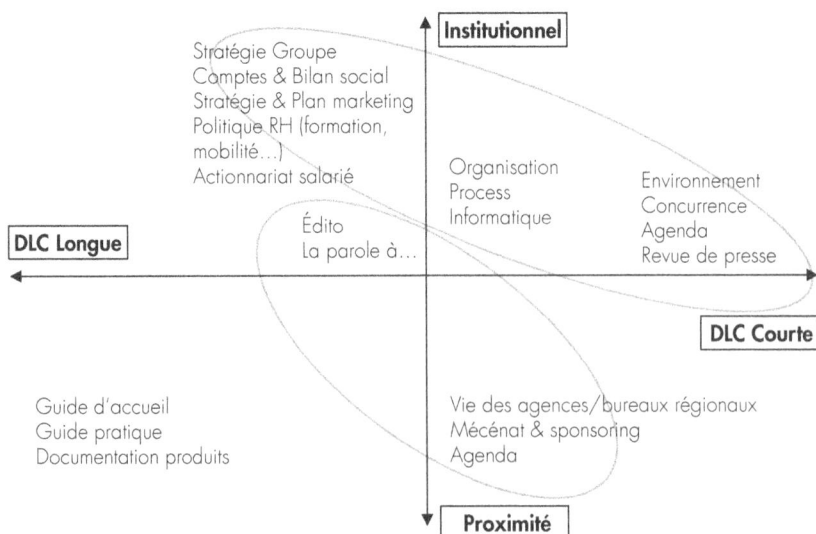

Des thématiques aux médias et supports

Les mêmes thématiques peuvent également permettre d'effectuer, simplement, une première analyse pour la construction d'un véritable plan média. Les choix et la détermination des outils peuvent en effet se faire en fonction de leur périodicité mais aussi de leur caractère, institutionnel (comme le magazine *corporate*), ou de proximité (comme l'affichage sur site ou les lettres d'établissement). Ainsi, on pourra utiliser le tableau en suivant les règles suivantes :

▶ Plus l'information est à DLC courte, plus on privilégiera, dans le cadre d'une information de proximité (sur un site, dans une usine), la réunion et/ou l'affichage, ou, pour une information plutôt institutionnelle, le mail et l'intranet.

▶ Plus l'information est à DLC longue, plus on optera pour l'usage d'un journal interne, voire une brochure spécifique.

▶ Entre les deux, on trouve une infinie variété d'outils, de traitements, de périodicité à choisir en fonction des objectifs, des thèmes et du contexte de l'entreprise.

Figure 15 : Des thématiques aux médias et supports

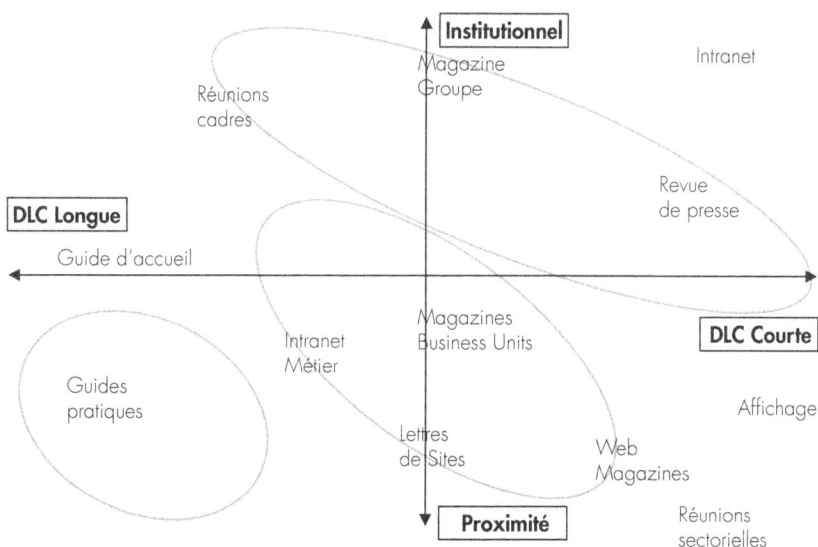

Choisir ses outils de communication

La complémentarité des médias est aujourd'hui la meilleure des équations pour la construction d'un dispositif de communication interne. L'apparition des différents médias électroniques a permis de renforcer les systèmes éditoriaux sans remettre en cause la pertinence des outils plus « traditionnels ». C'est en tout cas ce que semblent mettre en œuvre les entreprises françaises lorsqu'on analyse l'évolution de leurs dispositifs. Ainsi, entre 1996 et 2003, la place du journal interne est restée prépondérante, avec même un regain d'intérêt ces dernières années, puisque plus de 94 % des entreprises en diffusent au moins un. Durant cette période, les médias électroniques, les messageries et surtout l'intranet ont fait une spectaculaire percée. Les dispositifs d'informations téléphonées progressent peu et la vidéo connaît une évolution positive, sous la double impulsion des techniques numériques et de l'accroissement des débits de réseaux d'entreprise. Reste à attendre la généralisation de la vidéo *via* Internet ou intranet. La technique est mûre, mais les réseaux ne sont pas toujours disponibles en entreprise !

Tableau 2 : Choisir ses outils de communication

**Outils internes utilisés
par les directions de la communication**

	1996	1999	2003
Journal interne	90 %	89 %	94 %
Messagerie	38 %	77 %	98 %
Intranet	8 %	58 %	82 %
Informations développées	8 %	13 %	15 %
Vidéo	15 %	12 %	25 %

Observatoire Ujjef 1996, 1999 et 2003.

Du plan de communication au plan d'action

Plusieurs approches sont évidemment possibles. On peut néan-moins en privilégier deux principales[1]. Les deux méthodes les plus simples sont « l'approche par objectifs », ou encore, plus pratique mais moins ambitieuse, « l'approche par outils ».

L'approche par objectifs a l'avantage de s'appuyer directement sur la stratégie de communication et de privilégier la mise en œuvre de ceux-ci sans s'enfermer dans une lecture et une interprétation mécanique des outils. Il s'agit d'analyser chaque objectif, de les décliner en thématiques, de préciser les différentes cibles, de choisir un calendrier et surtout des rythmes de prises de parole (quotidien, hebdomadaire, mensuel, trimestriel, semestriel, annuel). Puis, on déterminera les canaux les plus adaptés (intranet, journal interne, newsletter, lettres de sites…), sans oublier de leur affecter des indi-cateurs de mesures. Ceux-ci peuvent être quantitatifs – le nombre de sujets traités, le nombre d'informations remontées du terrain, le nombre de mails parvenus au service de com', etc. – ou qualitatifs, à partir d'enquêtes de lectorat ou d'audit social. Enfin, dernier élément, un plan de com' peut également intégrer les ressources nécessaires à sa réalisation. On peut alors chiffrer les différentes étapes du plan (par outils, par parutions ou par périodes : mensuel-lement, trimestriellement ou annuellement).

L'approche par outils : pour reprendre T. Libaert, elle représente « *une vision statique du processus* » ; elle est moins ambitieuse mais permet une lecture rapide de la vocation de chaque média. C'est une façon de partager une perception commune de chaque ligne éditoriale et surtout d'endiguer les tentatives, fréquentes, de pervertir les objectifs assignés aux différents outils. Il s'agit, dans ce cas, à partir de chaque outil, d'en définir la vocation, puis le

---

1. On pourra se reporter à l'ouvrage cité plus haut de Thierry Libaert qui consacre au plan de communication plus de 200 pages et en décrit tous les rouages.

Tableau 3 : L'approche par objectifs

Objectifs	Échanges d'expérience	Partage d'une culture	Connaissance du groupe
Thématiques	Vie des sites *Best practices* Trucs et astuces Témoignages Suivi des chantiers tranverses Point sur le plan à 5 ans	Sagas produits Histoire de l'entreprise Réussites commerciales Présentations des nouveaux métiers Mécénat	Indicateurs chiffrés Reportages filiales Enquêtes métiers Bilan social et rapport d'audits
Publics cibles	Tous les salariés Le réseau de partenaires	Tous les salariés	Tous les salariés Cadres & managers
Calendrier et périodicité	Mise à jour permanente à partir de janvier	Hebdomadaire	Mensuel la première année
Outils	Intranet métier Extranet réseau Journal interne groupe Journaux de sites *YearBook* de synthèse	Portail intranet *Newsletter mail* Journal interne Rapport du mécénat	Portail intranet Journal interne groupe Lettres de sites Réunion des cadres Affichage (pour les indicateurs)
Indicateurs et mesures de performance	Nombre de cas concrets traités dans l'année Nombre d'informations remontées du terrain	Résultats de l'audit annuel	Résultats de l'audit annuel

public concerné, les thématiques (ou les rubriques) traitées, et, enfin, la périodicité. Véritable tableau de bord des publications et des contenus, ce plan se révélera en revanche particulièrement efficace pour suivre la bonne application du plan de com'.

Tableau 4 : L'approche par outils

Médias ou supports	Vocations	Publics cibles	Thèmes ou rubriques	Périodicité
Magazine groupe	Informer sur l'actualité Connaître les chiffres-clés Partager la stratégie	Tous les salariés du groupe Les partenaires proches	S'informer Comprendre Partager	Trimestriel
Intranet groupe	Échanges de données pratiques Partage des *best practices* Actualités en temps réel Formalités RH	Tous les salariés	News groupe Actualités métiers Mini sites par division RH pratique Guide corporate	Mises à jour quotidiennes
Magazine en ligne	Informations « chaudes » et urgences Animation vers le portail groupe Relais des décisions de la DG	Tous les cadres manageant des équipes	Alertes Agenda Mouvements Vie du groupe Business Chiffres-clés	Hebdomadaire

.../...

Médias ou supports	Vocations	Publics cibles	Thèmes ou rubriques	Périodicité
Extranet	Partage de l'information avec le réseau Échanges de données avec les sous-traitants « stratégiques »	Managers d'unités Responsables du réseau Équipes dirigeantes des sous-traitants	Chiffres-clés Stratégie groupe Plan qualité Procédures de crise Points d'organisation	Mise à jour permanente
Lettres de sites	Actualités des sites Décentralisation des décisions stratégiques Suivi de l'application des chantiers prioritaires Politique RH locale	Salariés des sites de production	Nouvelles du site Chiffres-clés Stratégie Projets transverses RH pratiques	Mensuel
Réunion des cadres	Partage des décisions prioritaires Déclinaison des plans d'actions par métier et par unité Point sur le plan à 5 ans	Cadres supérieurs du groupe	Résultats de l'année Bilan des actions mises en œuvre Perspectives Rappel des étapes	Annuel

Se réunir, c'est aussi communiquer !

La communication interne n'est pas qu'écrite. Loin s'en faut. Et la réunion de groupe est (encore) à considérer comme un moyen de communication efficace. Des spécialistes comme Bruno Paillet[1] en identifient même six catégories distinctes :

- La réunion d'information : elle nécessite un faible niveau de participation mais peut accueillir un nombre important de participants (sans limite à partir de 20 personnes).
- La réunion de motivation, destinée à 15-20 personnes maximum, avec un degré de participation moyen.
- La réunion mixte (information et motivation) qui, en jouant sur l'alternance des cycles de participation des acteurs, peut générer un fort degré d'implication.
- La réunion-discussion : destinée à résoudre des problèmes, elle requiert moins de 12 personnes et est à fort degré de participation.
- La réunion de créativité : de 6 à 8 personnes, c'est un moyen d'implication généralement très fort. Elle est destinée essentiellement à la recherche d'idées.
- La réunion de travail : réunissant de 4 à 6 personnes, elle a pour vocation la prise de décisions.

Une règle à retenir : un groupe doit être plus que la somme des individus qui le composent. Il doit s'enrichir de la diversité de chacun, « *à condition, évidemment, que celle-ci puisse s'exercer et s'exprimer* », poursuit B. Paillet. « *Et pourtant, dès qu'il est formé en tant que tel, dès qu'il a pris une personnalité, le groupe a tendance à se comporter comme un tout, souvent grégaire et xénophobe, c'est-à-dire à refuser d'intégrer tout individu nouveau.* » D'où la nécessité d'un véritable travail d'animation et de modération. Attention donc aux réunions qui tournent mal !

---

1. In « La communication interne : entre marketing et management », séminaire de mai 2004.

Exemple

MCDONALD'S FRANCE : COMMENT LA COMMUNICATION INTERNE CRISTALLISE L'IDENTITÉ FRANÇAISE D'UN GÉANT INTERNATIONAL DU FAST-FOOD ?

Développement exponentiel et turn-over

Au début des années 90, l'enseigne américaine qui fascine et effraie au pays de la gastronomie est une entreprise hors normes, honnie par les défenseurs de la gastronomie traditionnelle et les apôtres de l'anti-mondialisation (dans un curieux cocktail de mal-bouffe et world company*), mais bénie des familles et surtout des adeptes du repas rapide et pas cher. Avec un siège composé d'une petite centaine de salariés et quelque 230 restaurants sur le territoire français, McDonald's connaît un développement spectaculaire. La chaîne ouvre jusqu'à 30 nouveaux points de restauration par an et capte une main-d'œuvre aussi jeune et variée que sa clientèle. Entre les agacements, les enthousiasmes et les jalousies qu'elle suscite, McDonald's France ne dément pas l'esprit «* start-up *» que la presse lui attribue, où créativité, vitalité et liberté de communication font bon ménage. À plus d'un titre, l'enseigne s'érige en véritable modèle pour les entreprises françaises, notamment en s'implantant là où nulle société ne s'aventure : les zones géographiques réputées « difficiles », les banlieues. Et, misant sur ce que certains dénigrent vertement sous la bannière du légendaire « rêve américain », McDonald's relève un défi osé : proposer du travail à une population non qualifiée, le plus souvent non diplômée, lorsqu'elle n'est pas tout simplement ignorée par les entreprises « traditionnelles ».*

En 1993, un double constat invite le roi du hamburger mondial à élaborer et construire sa première véritable stratégie de communication interne. D'une part, l'entreprise subit un important taux de turn-over *parmi ses équipiers (source non négligeable de surcoûts, car le cycle de formation des nouveaux équipiers est lourd, complexe), et d'autre part, elle souhaite concevoir et mettre en œuvre une stratégie de communication permettant à ses salariés d'accompagner son développement autour d'un modèle réellement français.*

Jusqu'alors, aucune étude dans ce sens n'avait encore été menée. Sur le plan identitaire français, l'entreprise éprouve quelques difficultés à trouver sa voie. En guise d'outils de communication interne, seule existe une pâle déclinaison du magazine interne américain, avec une tonalité un peu naïve et arborant à toutes les pages Ronald, le clown-mascotte de l'enseigne. On y célèbre les anniversaires organisés dans les restaurants, le dynamisme des équipes de Tours ou Juvisy pour avoir astucieusement décoré leur restaurant. Rien de stratégique, pas d'informations sur l'entreprise, mais un simple constat de la vie de l'enseigne en région.

Préliminaires : identifier et sonder les cibles

À l'époque, McDonald's est organisé en quatre principales catégories d'employés :

> *les directeurs de restaurants, qui agissent et exercent leurs compétences comme de véritables dirigeants de PME ;*
> *les managers, appelés « swings » : ils assument souvent au quotidien la gestion effective du restaurant ;*
> *les équipiers, employés à temps plein (salariés de l'enseigne) ;*
> *les employés occasionnels, provenant souvent de populations étudiantes et par essence plutôt « nomades ».*

Sur ces quatre types de collaborateurs, McDonald's souhaite mettre l'accent principalement sur les managers et les équipiers. En effet, tandis que les « swings » et salariés permanents constituent une source fiable de collaborateurs, la main-d'œuvre étudiante est par nature instable et sans cesse renouvelée. Et pour cause : pour eux, la vie est forcément « ailleurs », le travail (qu'il soit chez McDo ou dans une autre enseigne) n'est qu'un simple passage exclusivement lucratif.

Une première étude est donc élaborée sous forme d'entretiens qualitatifs très serrés auprès de groupes de managers et d'équipiers dans différents restaurants en France. Les questionnaires portent sur la perception de la marque, les difficultés que chacun rencontre au quotidien ; ils abordent les relations avec les clients de l'enseigne, leurs envies d'évolution, leur relation avec le monde du travail ou encore les normes appliquées dans les restaurants.

Mais on choisit également de pousser l'étude : quelle est la culture écrite des salariés ? Quels sont les derniers livres qu'ils ont achetés ? Quelle presse lisent-ils ? Quelles sont leurs principales sources d'informations ?

À des degrés différents et à quelques nuances près, l'étude menée rapporte une somme de désirs communs aux deux cibles avec des attentes récurrentes :

➤ *Exprimer une vraie fierté de travailler chez McDonald's et que cette fierté soit partagée par l'enseigne.*

➤ *Pouvoir vérifier les possibilités de promotion professionnelle et sociale, historiquement revendiquées par McDonald's, le fameux « ascenseur social » si souvent bloqué dans les grandes entreprises françaises (le président « monde » de McDonald's, à cette époque le charismatique Robbin, n'a-t-il pas commencé sa carrière comme équipier au poste des frites ?).*

➤ *Accéder, sous une forme pédagogique et participative, à la compréhension des mécanismes de développement de leur entreprise.*

➤ *Faire reconnaître l'esprit de cohésion et de solidarité qui caractérise leur univers professionnel, ainsi que la diversité culturelle qui en fonde la richesse.*

À travers les différents témoignages, McDonald's se révèle une entreprise à haute concentration affective et symbolique, réclamant des outils de communication sur mesure.

Mais plus surprenants sont les résultats sur leurs habitudes de lecture. En effet, une majorité de managers revendique des aspirations proches de ce que peut représenter un journal comme Le Monde, *alors que les réalités quotidiennes de cette même catégorie semblent davantage se rapprocher d'une source comme* L'Équipe. *Les managers expriment une soif de savoir conjuguant austérité intellectuelle à un profond besoin de reconnaissance. Quant aux équipiers, si leur demande informative est moins exigeante, ils font savoir leur souhait de mieux cerner les enjeux auxquels est confrontée leur entreprise.*

Des points cardinaux éloquents...

Au cœur de la conception d'une stratégie de communication interne, plusieurs paramètres sont à prendre en compte. L'élaboration de la boussole stratégique de McDonald's France est particulièrement révélatrice quant à l'importance de la lecture de ces différents paramètres ainsi que des zones communes qui peuvent se dessiner au fur et à mesure des études menées.

La lecture des six axes de la boussole est déterminante. En effet, le choix puis la mise en œuvre d'une stratégie de communication interne y établissent leurs fondements.

Stratégie de l'entreprise

Les objectifs de McDonald's France mettent l'accent sur deux priorités. Il s'agit d'abord de fidéliser les salariés, afin de limiter le turn-over et ses coûts conséquents pour l'entreprise. Parallèlement, McDonald's souhaite travailler et consolider l'un de ses fondamentaux identitaires, le mythe de l'ascenseur social, pour que les salariés puissent pleinement se l'approprier en France.

Attentes exprimées

Les entretiens réalisés auprès du corps salarial mettent en évidence quatre attentes majeures :

➤ La soif de connaissance et de reconnaissance. Explicitement évoquées par les employés de McDonald's France, celles-ci se traduisent essentiellement par la volonté d'une forte communication/information en termes d'économie et de stratégie de l'entreprise. Il est vrai que pour beaucoup d'entre eux, il s'agit de leur premier emploi (stable) et que la compréhension du fonctionnement d'une entreprise est autant une nécessité qu'une curiosité !

➤ La valorisation de l'individu. McDonald's est souvent synonyme du premier employeur pour une catégorie de population confrontée à des difficultés sociales et qui se trouve parfois aux limites de la marginalisation. Pour beaucoup, McDo a été l'ultime opportunité de choisir entre insertion et délinquance.

Pas étonnant dès lors que ces salariés souhaitent accéder à une certaine reconnaissance dépassant le strict cadre professionnel (être fier de travailler chez McDonald's et que cette fierté soit reconnue par la famille, les amis, etc.).

➢ Les garanties que l'ascenseur social soit une réalité offerte par McDonald's. Sur ce point, les désirs des salariés rejoignent totalement la stratégie de l'entreprise.

➢ Le partage de valeurs communes. Ce sujet, qui recueille l'unanimité chez les équipiers comme chez les managers de la société, induit deux niveaux de lecture. En premier lieu, la réalité quotidienne du terrain (heures de pointe dans les restaurants, les fameux « rushs » de 12 à 14 heures qui voient affluer jusqu'à 70 % des clients journaliers, etc.) et les tensions qui en découlent sont à l'origine d'un sentiment de très forte appartenance à un groupe. La métaphore sportive d'un « voilier en régate » illustre parfaitement le véritable esprit d'équipe régnant au sein d'une enseigne McDonald's – promiscuité, nécessité de se serrer les coudes, dépendance des uns et des autres, conséquences immédiates du moindre faux-pas. En second plan, on retrouve la notion de normes partagées (pour un fonctionnement optimal des points de restauration, l'application de normes strictes est exigée : temps de cuisson des produits, constitution des menus, procédures de nettoyage…), qui est vécue chez une majorité de salariés comme un facteur stabilisant, un apport d'équilibre rassurant. Parce ce qu'on « ne se pose pas de questions », mais aussi parce que cette sorte de discipline collective est une nouveauté. Ces normes, partagées par tous, s'inscrivent dans la logique de l'ascenseur social proposé par McDonald's et y participent pleinement.

Codes symboliques et univers projectif

Sur ce point, l'analyse des entretiens est éloquente. Tandis que les managers expriment le désir d'un apport informatif simultanément sérieux et intellectuellement valorisant, les équipiers de l'entreprise souhaitent obtenir des informations plus culturelles et ludiques.

Les deux catégories d'employés marquent une volonté commune d'implication pédagogique dans les mécanismes de développement de l'entreprise, ainsi que le souhait d'enrichissement personnel en termes de culture générale économique.

Stratégie relationnelle

Dans le cas de McDonald's France, le découpage des populations est relativement clair. Si l'on omet la catégorie d'employés étudiants, qui, pour des raisons logiques, n'entre pas pleinement dans les considérations du projet de communication interne de l'entreprise et s'avère plutôt hostile, deux groupes retiennent l'attention :

➢ *Les managers « swings », qui oscillent entre le statut de « neutres » et celui d'« alliés » ;*
➢ *Les équipiers, qui peuvent êtres considérés comme « hésitants » ou « neutres ».*

Afin de toucher efficacement ces deux cibles, il convient d'opter pour une posture informative. Cette posture répond au carré de questionnements bien connu dans l'univers de la communication : quoi ? Quand ? Pourquoi ? Comment ?

Valeurs de l'entreprise

Quant aux valeurs revendiquées par McDonald's, loin d'être simplement déclaratives, elles correspondent à une réalité fortement ancrée dans le quotidien des salariés de l'entreprise. Ces valeurs sont littéralement vivantes et les nouveaux arrivants ou collaborateurs de longue date se les approprient sans peine :

➢ *La culture du client, et tout ce que cette notion implique, se vérifie chaque jour dans les restaurants (proximité physique, verbale, temporelle et souvent sociale du client). Quiconque a déjà fréquenté un McDonald's en heure de pointe pourra vérifier la véracité de la tension, parfois très « impolie », que supportent ce que l'on appelle les « hôtesses de caisse ».*
➢ *L'esprit d'équipe, précédemment évoqué, correspond à une évidence si forte que l'on peut le rapprocher de la notion de famille (l'équipe d'un restaurant est une famille, l'entreprise est une famille, la marque est familiale dans tous les sens du terme…).*

➤ La célérité, de par l'implication de chacun sur le terrain, devient une valeur réelle de l'entreprise : on peut parler de culture du rush, que l'on retrouve dans d'autres secteurs d'activités (sport, presse…).

➤ La polyvalence : elle se traduit par la capacité des employés à occuper divers postes en fonction des besoins immédiats des restaurants, ainsi que par la logique de promotion interne (tout manager sait faire des frites, encaisser ou suivre les livraisons).

➤ La progression interne, étroitement liée à la notion de polyvalence et aux mythes fondateurs de McDonald's, continue de s'illustrer chaque jour, depuis le président mondial du groupe (qui a commencé comme simple employé) jusqu'au nouveau manager du restaurant lambda.

➤ La sécurité et le (ré)confort, offerts aux employés par l'intermédiaire d'un système de normes précises.

Analyse de l'existant

McDonald's est une entreprise porteuse d'une énergie affective exceptionnelle, qui suscite des sentiments passionnés (on aime ou on déteste l'image renvoyée par la société, mais cette image laisse rarement indifférent). Véritable exemple de réussite, l'entreprise connaît en France un développement considérable et revendique une certaine mission sociale, à plus d'un titre. D'une part, McDonald's emploie des personnes auxquelles très peu d'autres structures s'adressent (non-diplômés, jeunes issus de quartiers difficiles, parité…) et leur offre de réelles possibilités de progression en termes socio-économiques ; d'autre part, l'offre que l'entreprise propose au public revêt elle-même une connotation sociale (McDonald's propose une alimentation de qualité à prix défiant toute concurrence).

… qui concrétisent une ligne stratégique de communication interne

L'éclairage fourni par la lecture des axes de la boussole stratégique permet de synthétiser les attentes des salariés, mais également de tracer avec précision les réponses que la communication interne peut fournir.

On retient :

➢ *Le besoin des employés d'être traités avec sérieux et la nécessité de leur procurer des éléments à forte représentativité du savoir.*

➢ *L'importance du support écrit, ne serait-ce que par sa symbolique « intellectuelle » et valorisante.*

En conséquence, il est donc décidé de concevoir deux publications, successivement destinées aux managers et aux équipiers de l'entreprise. Une déclinaison à l'usage des employés temporaires (étudiants) est également élaborée.

Le magazine Messages

Initialement tiré à quelque 4 000 exemplaires, Messages *est une publication bimestrielle qui s'adresse aux managers de McDonald's France. Son contenu est scindé en cinq grandes parties, qui répondent directement aux constats effectués à l'aide de la boussole stratégique :*

➢ *le magazine s'ouvre par une rubrique économie dans laquelle des points sont faits sur la conjoncture, les marchés, les produits, les actions entreprises par McDonald's, la consommation des ménages, etc. ;*

➢ *suit la rubrique « entreprendre », qui comporte un reportage et évoque les stratégies de McDonald's ;*

➢ *puis une section consacrée aux partenaires de l'entreprise (fournisseurs de la chaîne alimentaire et appuis logistiques) ;*

➢ *un point sur la concurrence, enseigne par enseigne, secteur par secteur, des cafétérias Casino aux StarBucks Cafés ;*

➢ *une partie « société », appuyée par un reportage métiers, qui aborde des sujets concrets (gestion de problématiques de type hold-up).*

Messages *comporte en outre un véritable « courrier des lecteurs », alimenté par le service consommateur de l'entreprise (organisé en deux rubriques, « côté pique-côté cœur », et dans lequel rien n'est caché), ainsi que différents indices de satisfaction essentiels pour la marque : qualité du service, de l'accueil… Enfin, touche conviviale, la quatrième de couverture entreprend en photo un tour du monde inattendu des restaurants McDonald's.*

Au sommaire du premier numéro : un reportage sur le management d'un restaurant en banlieue dite « difficile » (comment faire face à des clients parfois agressifs ? Comment maintenir un dialogue avec fermeté ?), la présentation d'un des plus importants fournisseurs de l'époque (le spécialiste de la viande bovine qui assure la livraison de 300 tonnes par semaine !), l'analyse fine du marché de la restauration hors domicile en France (plus de 3,5 milliards de repas par an), et un article courageux baptisé « les hold-up sont de saison », donnant aux responsables de restaurants les règles essentielles en cas d'agression. Sans oublier, ascenseur social oblige, la une consacrée au patron monde de la marque en train de servir… des frites. Un reportage, réel, effectué à l'occasion du « Founder's Day », date symbolique pour le roi du hamburger qui voit, chaque année, l'ensemble des salariés et des fournisseurs partager une journée la vie des restaurants.

Planète Mac *et ses « Dazibao »*

Grand format de type tabloïd qui rappelle les grands quotidiens d'information, Planète Mac *est une publication bimestrielle à tonalité culturelle et ludique. Le tirage sera (au plus fort de la croissance de l'enseigne) de 70 00 exemplaires. Trois axes en dessinent la trame éditoriale :*

➤ *Une partie purement informative propose un état des lieux sur l'ouverture de points de ventes, le lancement de nouveaux produits, etc.*

➤ *Le deuxième tiers du journal est consacré à la culture de l'entreprise : les grandes étapes de l'histoire de McDonald's, les différences entre les implantations à travers le monde…*

➤ *L'espace restant traite d'une information dite « de proximité », à travers des portraits d'équipiers, des astuces concrètes, des conseils.*

Enfin, empruntant quelques éléments et articles à Planète Mac, *auxquels vient s'ajouter une information plus généraliste et pratique, des supports de type « Dazibao » sont conçus. Affichés en coulisses aux endroits de passage des restaurants, ces supports aux couleurs vives et à la typographie très tendance permettent aux* employés de la catégorie fluctuante et passagère (étudiants, travailleurs occasionnels…) de rester reliés à la vie de l'entreprise.

Dix ans plus tard…

Dix ans plus tard, McDonald's France a triplé de taille, et le bilan en termes de communication interne dressé en 2003 est extrêmement positif. La méthodologie de la boussole stratégique et les solutions apportées sont concluantes. À différents niveaux et de manière globale, la stratégie adoptée a permis de :

➢ Réduire considérablement le turn-over touchant les équipiers pour atteindre les standards de la profession.

➢ D'asseoir les fondations d'une identité McDonald's France auprès de l'ensemble des employés.

➢ D'insuffler une véritable fierté de la marque et de l'entreprise en exploitant et en valorisant des valeurs existantes telle que la notion d'ascenseur social.

Figure 16 : La boussole stratégique McDonald's

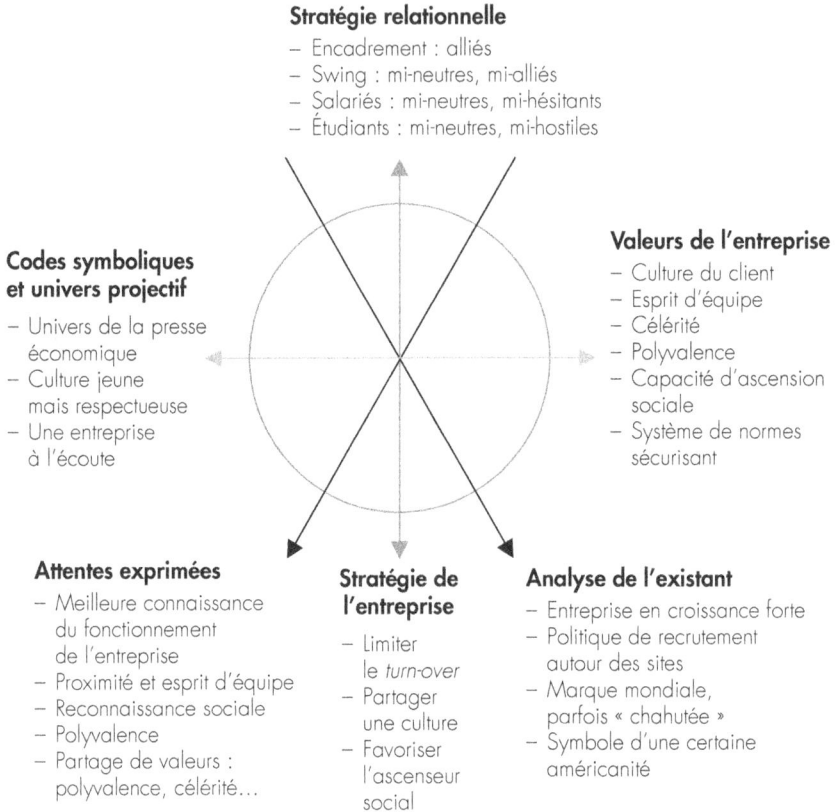

Stratégie relationnelle
- Encadrement : alliés
- Swing : mi-neutres, mi-alliés
- Salariés : mi-neutres, mi-hésitants
- Étudiants : mi-neutres, mi-hostiles

**Codes symboliques
et univers projectif**
- Univers de la presse
  économique
- Culture jeune
  mais respectueuse
- Une entreprise
  à l'écoute

Valeurs de l'entreprise
- Culture du client
- Esprit d'équipe
- Célérité
- Polyvalence
- Capacité d'ascension
  sociale
- Système de normes
  sécurisant

Attentes exprimées
- Meilleure connaissance
  du fonctionnement
  de l'entreprise
- Proximité et esprit d'équipe
- Reconnaissance sociale
- Polyvalence
- Partage de valeurs :
  polyvalence, célérité…

**Stratégie de
l'entreprise**
- Limiter
  le *turn-over*
- Partager
  une culture
- Favoriser
  l'ascenseur
  social

Analyse de l'existant
- Entreprise en croissance forte
- Politique de recrutement
  autour des sites
- Marque mondiale,
  parfois « chahutée »
- Symbole d'une certaine
  américanité

CHAPITRE 6

Éloge de l'échec

Quelques règles pour « rater » sa communication

Michel Durier, ancien DRH du groupe Ciments Français et défricheur émérite de la communication interne moderne, avait pour habitude (et sagesse) de dire : « *On n'apprend que par ses erreurs.* » En le paraphrasant, on pourrait affirmer que s'il est bien imprudent de décrire les clefs du succès en matière de communication interne, on peut, en revanche, sans grand risque, lister les règles qui mènent avec certitude à l'échec. Beaucoup de communicants en on fait l'amère expérience. Voici une liste issue d'exemples choisis parmi les plus beaux « ratages » collectés dans diverses entreprises.

Bâtir sa stratégie sur des illusions

Naïveté ou simple méconnaissance des mécanismes sociaux, la première erreur est de construire un plan de communication sur le mythe de la transparence absolue ou de son opposé, l'opacité totale. Communiquer ne signifie pas « tout dire, tout le temps et à tout monde ». Au contraire. La communication impose de choisir les informations, les hiérarchiser, prendre du recul et travailler leur traitement : choix des messages et des angles éditoriaux (ce que l'on veut dire), choix du ton et du type de rédaction (compte rendu, récit, analyse, reportage, fait brut…), choix du média (mail, intranet, newsletter ou magazine). C'est l'ensemble de ces choix qui construira une identité aux contenus de l'entreprise, une homogénéité des messages, et, en définitive, une culture spécifique.

De la même manière qu'un auteur impose sa marque littéraire par un style, un regard, un usage des mots qui lui est propre, une entreprise doit se construire un territoire d'expression *via* une sélection rigoureuse de ses modes de communication en fonction de ses publics. « Informer, c'est choisir », apprennent les jeunes apprentis dans les écoles de journalisme. Cela devrait également être la maxime première des communicants d'entreprise.

À l'inverse, une communication repliée sur ses peurs (le fameux « on ne peut pas dire ça ! »), obscure, jargonneuse et fondée sur des mensonges ou de fausses vérités, est vouée à l'échec, et cela pour au moins trois raisons : parce que cela revient à vider de sa substance toute velléité de « parler à l'autre » ; parce que le salarié, qui n'est pas un individu captif de l'entreprise (il a une vie au-dehors), a donc des informations, se renseigne, échange ; enfin, parce qu'au fil des années, tous ont appris à décrypter (avec talent d'ailleurs) la langue de bois, les fausses vérités et les mensonges, même par omission.

Laisser germer la langue de bois

Poison, plaie, gangrène, cancer même pour certains, la langue de bois ou, plus poétique, la « langue de coton », est, de l'avis de tous les responsables de communication, le principal fléau de la com' interne et l'un des freins majeurs à sa réussite. « *C'est, avec la rumeur, l'aspect le plus exécrable du métier* », estime même Boris Eloy, directeur de la communication de Servair. « *C'est urgent de la stopper* », ajoute Bertrand Cizeau, directeur de la communication du groupe Cetelem : « *avec elle, c'est toute la crédibilité du discours qui disparaît. D'autant que le décryptage de la "Novlangue" managériale est désormais un phénomène international,* poursuit-il. *Plus un seul salarié ne se laisse abuser* ».

C'est un phénomène grave car la diffusion de fausses vérités (avec la bénédiction de la hiérarchie) rejaillit sur la perception même que les salariés se font du management ou de la direction générale. Que penser, en effet, d'un manager perçu comme un menteur ? C'est un manipulateur ? Un pervers ? Ou un simple « froussard » ? Un « béni oui-oui » sans convictions personnelles ? Sans oublier la confiance, relative, que l'on peut avoir envers une hiérarchie fuyante lorsqu'il s'agira de faire face à une situation difficile, une crise, un retournement de conjoncture. « *En matière de communication d'entreprise, la censure est un symptôme évident : celui d'un manque de confiance du dirigeant, d'abord en lui-même, mais aussi, bien sûr, envers ses collaborateurs* », estime même Jean-Pierre Guéno. « *La censure révèle en fait l'échec d'une cohabitation : celle du pouvoir et de la communication.* »

Il n'y a, évidemment, pas une seule langue de bois. Elle est multiple, se ramifie, s'auto-alimente et a tendance à s'autonomiser.

Pour l'Institut national de la langue française (INALF), « *La langue de bois est une manière d'exprimer, sous forme codée, dans une phraséologie stéréotypée et dogmatique, à l'aide d'euphémismes, de lieux communs, de termes généraux et/ou abstraits, un message idéologique (…) mais qui cependant sera compris dans son vrai sens par un petit nombre d'initiés. Par extension, c'est un langage qui s'alimente au dictionnaire des idées et des formes reçues.* »[1]

Jennifer Mahler, auteur d'un remarquable mémoire à la Sorbonne intitulé « La langue de bois dans la presse d'entreprise », note même déjà des variantes : « *Aujourd'hui, le terme langue de bois est largement entré dans l'usage,* explique-t-elle. *Il est même galvaudé,*

---

1. In *Dictionnaire de l'Académie française.*

puisque employé un peu n'importe comment. Et si le terme continue de se faire entendre, un concurrent lui dispute à présent la place, le "politiquement correct", d'autant plus efficace que maintes locutions se construisent sur le même modèle : "culturellement correct", "socialement correct", "médiatiquement correct" (…) Comme la langue de bois, le politiquement correct agit dans le monde du cliché. »

Et l'auteur analyse même trois sources et trois modalités distinctes de langue de bois : la première consiste à sélectionner les « bonnes » informations, la seconde se concentre sur un « politiquement correct » collectif, et la dernière est une manipulation pure et simple des textes avant leur publication.

En effet, « *La première censure porte tout d'abord sur le choix des sujets d'articles à paraître. La rédaction* (en charge du journal interne) *propose des idées de sujets, dont bon nombre sont mis à la trappe car considérés comme trop sensibles* », souligne J. Mahler[1]. De cette façon, on pense éliminer les sujets polémiques (alors qu'ils sont par ailleurs souvent traités dans la presse économique ou généraliste) ou endiguer les questions difficiles (alors que les sujets dits « sensibles » sont justement la source des rumeurs).

Deuxième étape, le « politiquement correct », dont « l'avantage » est d'être aussi bien partagé par la hiérarchie supérieure qu'intermédiaire. Le « politiquement correct » prend lui aussi plusieurs formes avec des procédés d'ordre « *grammatical, lexical, verbal et syntaxique* ». De l'emploi de verbes du type « *il faudra, elle doit, il faut, tout doit être,* souligne l'auteur, *qui ont comme sujet un "il" qui renvoie généralement à une non-personne, c'est-à-dire à tout le monde en même temps. Dans ce cas, l'action doit être commune à tous et personne ne peut être tenu pour responsable. Ce qui revient à ne rien dire* », à l'emploi du pronom personnel « nous », « *qui a pour but de donner*

---

1. « La langue de bois dans la presse de l'entreprise », Université Paris V, département de linguistique générale appliquée.

une idée de cohésion entre les salariés et leur entreprise. Cette mise en valeur amène à penser qu'il n'y a aucun dysfonctionnement dans l'entreprise : elle apparaît comme parfaite. L'usage du déterminant "nos" accentue encore ce sentiment de perfection ».

Quant au « travail » des textes avant publication, J. Mahler distingue au moins trois procédés récurrents :

- Les procédés lexicaux, qui consistent en des reformulations de texte (ou comment dire la même chose avec des mots plus valorisants), des suppressions d'informations (pour cacher certaines vérités), des ajouts (apparenté à un bla-bla sans intérêt), un positionnement flou dans le temps (*via* l'utilisation de termes comme « bientôt », « maintenant »…), ou encore des références vagues telles que « tout, chacun… ».

- Les procédés verbaux comme le temps présent pour démontrer la véracité des faits, le futur qui marque l'incertitude de réalisation d'un acte, ou encore le mode déontique qui annonce la nécessité de réaliser un acte précis.

- Enfin, les procédés syntaxiques comme les bouleversements dans la mise en forme de l'article, pouvant entraîner un changement d'angle.

Que faire alors ? Pour Evelyne Leroy, ancienne directrice de la communication et consultante en accompagnement du changement, une chose est sûre : toutes les études, mais surtout la confrontation avec la réalité, ont prouvé que la langue de bois était totalement inefficace. « *C'est un problème de responsabilisation du management et de l'encadrement intermédiaire* », estime-t-elle. « *Il faut leur faire prendre conscience des conséquences* ». Comment ? « *En leur posant, à chaque prise de parole, simplement trois questions : qu'a-t-il de neuf à dire ? Qu'est-ce qu'il en attend ? En quoi est-ce utile au salarié/lecteur ? On s'aperçoit alors que toute tentative de manipulation de l'information ne passe pas l'épreuve des trois questions. Et c'est à la direction de la com' de pousser la hiérarchie dans ses raisonnements et de confronter le message et les réponses aux questions. Avec comme "arme"* ultime le *"cause toujours"*. *Lorsque mes interlocuteurs ne parvenaient pas à résoudre leurs contradictions dans l'expression, je finissais toujours par ça !* »

Il faut donc résister. Une résistance d'autant plus indispensable que, explique Jean-Pierre Guéno, ancien président de l'UJJEF, « *Il y a censure lorsque le communicant devient passif ou servile au point d'endosser la couleur des murs, de naviguer toujours dans le sens du vent dominant. La censure triomphe lorsque le communicant ne joue plus que le rôle d'un pâle miroir sans âme et sans conscience.* »

Confondre culture d'entreprise et culte du client

Troisième erreur : substituer aux valeurs internes, fondées sur le quotidien et partagées, des valeurs externes, impersonnelles, fluctuantes, préfabriquées et universelles, de type qualité de service, écoute totale, satisfaction des clients... Le salarié est en droit d'attendre de son entreprise une reconnaissance de sa différence. Donc, une valeur qui non seulement le représente, mais surtout à laquelle il peut s'identifier et qu'il peut s'approprier. « Je ne suis pas un client ! », s'exclamait, irrité, un salarié lors d'une enquête de lectorat. « On me prend pour un imbécile ». Une confusion des genres d'autant plus improductive que les salariés sont suffisamment matures pour accepter et savoir faire co-habiter deux systèmes de valeurs : celles destinées à la dynamique commerciale, et celles qui feront corps en interne.

Confondre expression et communication

Quatrième erreur : confondre et mélanger expression, information et communication. Combien de fois n'a-t-on entendu de la part d'un responsable d'entreprise passablement irrité la réflexion « mais je me suis déjà exprimé sur ce sujet ! » ? Sous entendu, « je n'y reviendrai pas ». Erreur. Car il ne suffit pas de dire, de s'exprimer pour communiquer. La communication, c'est l'adéquation au destinataire ; le lien prime sur l'objet. L'expression, c'est l'objet du discours qui prime sur le lien. « *Manière et matière, tels sont les deux présupposés pour une bonne transmission d'un message en direction d'une cible* », rappelle Jeanne Bordeau, spécialiste du langage et directrice de l'Institut de la qualité de l'expression. « *Derrière ce binôme indissociable apparaissent en réalité les règles pour une argumentation efficace. Et l'argumentation porte sur l'association entre des éléments rationnels, qui parlent à la raison, et des éléments relationnels, qui prennent en compte le contexte d'émission du message et la personnalité de celui ou ceux à qui il se destine. Négliger l'un ou l'autre de ces deux composants conduit à un message où l'information ne sera pas retenue ou sera déformée, soit les deux principaux écueils que cherche avant tout à éviter le communicant.* »[1] Communiquer, c'est donc, avant tout, s'assurer que le « récepteur » a bien reçu et compris le message, et pas seulement que celui-ci est « parti ». Et la qualité d'une réception est aussi irrationnelle que relationnelle.

Censurer les idées

Les scientifiques ont l'habitude de dire que « ce n'est pas en améliorant la bougie que l'on a inventé l'électricité ». La créativité prend parfois des routes détournées et peut jaillir d'un flot d'idées apparemment « idiotes » ou décousues. Une erreur fréquente est d'interdire toute initiative ou idée sous prétexte d'être efficace, ce que Bruno Paillet résume par « La règle du CQFD » : Censure interdite, Quantité à privilégier, Farfelus bienvenus, Démultiplication systématique. Une règle que l'on peut appliquer aux réunions de « *brainstorming* » sur le plan de com' mais également jusqu'aux comités de rédaction.

---

1. Jeanne Bordeau, *L'art des relations presse*, Éditions d'Organisation, 2005.

Complexifier les messages

On ne le répétera jamais assez : trop d'infos tue l'info ! Attention à la saturation des messages. Pour prendre conscience du phénomène, il faut savoir que, durant les trente dernières années, les médias ont produit davantage d'informations qu'au cours des 5 000 dernières années, qu'une édition moderne du week-end du *New York Times* comprend autant d'informations qu'un gentilhomme « cultivé » du XVIIIe n'en avait tout au long de sa vie, et que chaque jour, 20 millions de mots sont produits en moyenne. Or, un lecteur de bon niveau peut assimiler au mieux 1 000 mots à la minute. Informer nécessite donc de trier.

D'autant que nous avons tous une mémorisation de base faible : 1 500 mots en moyenne pour un bachelier (800 mots pour un enfant entrant en 6e), plus une mémoire dite « additionnelle » de 200 mots, qui correspondent aux différents jargons de l'entreprise et/ou du métier. Soit un total de 2 500 mots au mieux. Or, le français comporte plus de 130 000 mots ! Privilégier des messages courts et simples semble une sagesse de base. Sans oublier que communication rime avec conviction.

Entretien avec Isabelle Raoul, directeur des publications internes et institutionnelles du groupe Bouygues

Revendiquer la sincérité

Peut-on tout dire en com' interne ?

Isabelle Raoul : *On ne peut pas tout dire, et le mythe de la transparence absolue mène aussi à la dictature absolue. Mais tout ce que l'on dit doit être « vrai » et sincère. L'entreprise doit construire et préserver un discours de confiance avec ses publics. Ce qui passe, par exemple, par le fait de dire et d'expliquer pourquoi on ne peut pas donner certaines informations. Martin Bouygues est, d'ailleurs, extrêmement vigilant sur les informations que nous communiquons. Il veille par exemple à ce que rien de directement exploitable par nos concurrents ne soit publié. C'est essentiel dans nos secteurs d'activités.*

Le fait d'être proche du président donne-t-il une « couleur » particulière à la com' interne ?

I. R. : *Nous avons deux « clients » : le président (en l'occurrence Martin Bouygues) et l'ensemble des collaborateurs, et nous devons séduire les deux. Ce qui est un gage d'efficacité. Car si les deux sont satisfaits, c'est un indicateur assez fiable que le travail des messages a été le bon. Et Martin Bouygues est un excellent « lecteur type ». Si l'évidence et la clarté d'une information destinée au magazine interne du groupe ne le frappent pas, c'est que l'angle, le traitement ou sa mise en scène ne sont pas les bons. Le regard du président est essentiel, d'autant qu'il est le garant de la culture d'entreprise.*

Le plus difficile dans votre mission ?

I. R. : *La capacité d'anticiper sur ce qui va se passer et l'étendue de nos lectorats. Nous réalisons environ 100 « produits » de communication interne ou institutionnelle par an. Et notre lectorat principal est dans l'Europe entière. Ce qui implique que nos fonctions de production d'information sont de plus en plus exigeantes, de plus en plus lourdes. Et plus on produit, plus il est difficile d'avoir un vrai recul sur la stratégie. La réflexion est ce que l'on repousse souvent à plus tard.* ■

CHAPITRE 7

Je lis, donc je suis

Les fonctions du journal interne

Une tribu, des lecteurs

L'écrit, et donc le journal interne, ont toujours eu une place spécifique et prépondérante dans les dispositifs de communication interne. Dès 1951, la revue *Choisir*, première publication destinée aux responsables de l'information des entreprises, parlait du journal interne en ces termes : « *Des hommes de bonne volonté, enthousiastes, animés par un pur idéal, ont présenté au monde une presse nouvelle, saine, libre, honnête, qui apporte à ses deux millions de lecteurs des idées constructives et sincères dans l'espoir de voir s'établir une nouvelle société, basée sur une meilleure connaissance des efforts de tous ceux qui concourent, dans la justice sociale, à la prospérité d'une famille, d'une entreprise, d'un pays.* » Et la revue de conclure : « *La presse d'entreprise est la seule qui touche en effet toutes les couches de la société depuis le manœuvre jusqu'au grand patron ; elle pénètre au sein de la famille et est le seul moyen d'information verticale qui existe.* » À la même époque, une enquête conjointe de la Cegos et de l'AFAP (Association française pour l'accroissement de la productivité) recense en Grande-Bretagne « *un journal d'entreprise pour 40 000 habitants, en Hollande un pour 32 000, en Suède un pour 74 000. Et l'enquête interroge : à*

partir de quel effectif est-il intéressant de faire un journal d'entreprise ?
Généralement, on répond : au moins mille personnes ».

En 1970, *Entre-Presse*, la revue de l'UJJEF, recense, en France, pour
sa première enquête quantitative, plus de 500 titres, plus de 5 millions d'exemplaires diffusés, et 15 millions de lecteurs réguliers.

Près de soixante ans après les accents un peu gaulliens de *Choisir*, le
succès est toujours incontestable. On compte près de 23 millions
de lecteurs identifiés par l'institut CSA en 2003, et une moyenne de
14 titres (newsletters, magazines, journaux) diffusés en interne
dans les grandes entreprises françaises (de plus de 1 000 personnes).
95 % d'entres elles disposent « *d'au moins un support à destination de*
ses salariés ». Et le spectaculaire développement du numérique et
des intranets a peu modifié le nombre de publications et surtout
leur impact.

Ainsi, la première étude[1] de grande envergure réalisée en 2003 par
l'institut Ipsos pour L'UJJEF Communication & Entreprise sur
l'impact de l'intranet dans les entreprises (réalisée auprès de
3 000 salariés d'entreprises de plus de 500 salariés) montrait que
dans « *seulement 13 % des cas, le développement de l'intranet a conduit*
à une modification de parutions », et que « *pour 64 %, les entreprises*
ont suivi une logique double, à savoir une complémentarité entre presse
écrite et médias électroniques ». Mieux, « *36 % des salariés confir-*
maient conserver leur préférence pour la lecture sur papier, alors que
40 % déclaraient lire indifféremment ou concomitamment sur écran et
papier ». L'étude prouvait même que la généralisation de l'électronique renforçait le rôle particulier du journal. « *L'intranet a globa-*
lement stimulé la lecture des supports d'informations internes », notait
Ipsos. « *40 % des intranautes consacrent plus de temps à la lecture des*
supports depuis l'apparition de l'intranet. Cette proportion est encore
plus élevée lorsque les intranautes ont un niveau hiérarchique élevé :

---

1. « Intranet et salariés : les clefs pour un outil efficace », Ipsos-UJJEF, 2003.

62 % des salariés de la direction générale consacrent plus de temps à ces lectures et également 47 % des cadres. »

Ce phénomène est confirmé par d'autres études. Ainsi, une enquête de lectorat menée en 2003 dans un grand groupe français sur trois continents (Europe, États-Unis et Asie, notamment au Japon) montrait qu'au-delà des fonctions informatives, le journal « papier » avait deux vertus insoupçonnées : celle d'être un vecteur inégalable de lien, *via* ce que les professionnels appellent son « taux de circulation », à savoir le nombre de lecteurs effectifs par nombre d'exemplaires diffusés, et surtout celle de marquer le signe d'appartenance à une collectivité, voire une « tribu ». La perception des salariés, y compris, et surtout, les plus éloignés du siège (comme les employés travaillant dans la filiale de Tokyo) est d'une limpidité désarmante : « Si je reçois le journal interne de l'entreprise, c'est que j'existe, et qu'à Paris, on pense à moi ! ». Une fonction de reconnaissance que ne remplit pas intranet. Quant au « taux de circulation », la même étude prouvait qu'il pouvait atteindre 4,5, c'est-à-dire plus de 4 lecteurs par exemplaire diffusé (à titre de comparaison, les meilleurs taux de la presse dite de « kiosque » frôlent les 8. Mais il y a un acte d'achat !).

L'explication de ce phénomène est simple : lorsqu'un salarié est fier de « son » journal interne, il n'hésite pas à en faire profiter son entourage, époux, épouse, enfants et amis. Nul doute que ce prosélytisme touchera bientôt les médias électroniques sur le thème « va voir l'intranet de ma boîte ! ». Mais les comportements ne semblent pas encore mûrs, et les procédures de sécurité sont aujourd'hui trop contraignantes.

C'est également pour des raisons de lien social que certaines entreprises qui avaient misée sur le « tout *on-line* » ont fait marche arrière. Ce fût le cas chez IBM, la première entreprise à avoir supprimé le papier avant de le voir resurgir, mais aussi le cas du CSTB (Centre scientifique et technique du bâtiment) : dans une enquête sur la presse interne, *Construcom*, magazine dédié au secteur du bâtiment, relevait ainsi que le « *centre qui dispose actuellement d'un mensuel sur intranet souhaite passer au format papier* ». Interviewé, le responsable de la communication du CSTB précisait : « *Nous garderons les mêmes thèmes, mais nous dispatcherons les articles de fond, comme les* success stories, *les articles stratégiques… le but étant de mettre en valeur les gens.* » Et le magazine de conclure : « *Un moyen aussi de conserver les informations plus longtemps.* »

Le sens : une expression complexe

Si l'écrit demeure le média le plus utilisé, c'est assurément pour des raisons aussi nombreuses que profondes. D'abord, parce que la communication interne, qui a pour fonction essentielle de donner du sens, requiert souvent des analyses complexes, des réponses multiples et hiérarchisées. Expliquer le pourquoi d'une stratégie compliquée nécessite une approche forcément éditoriale, parce que l'écrit est l'approche cognitive la plus efficace : il informe plus vite car il délivre en moyenne quatre fois plus d'informations que l'oral (par exemple, 20 minutes de journal télévisé équivalent à seulement 3 colonnes du journal *Le Monde*). Le taux de mémorisation d'une information écrite est également meilleur : il peut atteindre 85 % sur 3 mois, contre 10 % pour une instruction verbale. Enfin, parce que l'écrit est un mode d'expression forcément hiérarchisé, donc propre aux expressions complexes. On peut même avancer que l'écrit est, en quelque sorte, un facteur de « motricité » des savoirs. En matière de communication de marque par exemple, on estime que la notoriété, perception diffuse mais partagée par un grand nombre de « récepteurs », est entretenue par la publicité ; que la « curiosité de marque » (l'envie d'en savoir plus qui amène, logiquement, sur le point de vente) est la fonction du marketing ; et que la « motricité » (le fait de devenir acteur de la marque, notamment de la recommander à un proche) est plutôt l'affaire de l'édition, (catalogues, magazines consommateurs, brochures et désormais sites Internet).

Le parallèle est possible en communication interne. La publicité dite « *corporate* » fonctionne sur le mode de la notoriété : avec des signatures de type « ensemble, bâtissons l'avenir », le salarié perçoit bien une intention, mais sans pouvoir en donner une définition précise et un contenu. Les portails d'entreprise, eux, entretiennent une vraie « curiosité ». C'est d'ailleurs un des motifs et le principal mode de consultation (de consommation ?) des intranets. Le salarié « zappe », de contenus en contenus, au fil d'une curiosité constamment relancée. Avec l'écrit, il approfondit une relation... qui devient motrice.

Le moteur d'une relation aussi puissante que complexe

Les différentes enquêtes de lectorat et surtout les enquêtes plus comportementalistes menées par certains instituts spécialisés (fondées sur des entretiens individuels approfondis animés par des spécialistes et généralement enregistrés derrière des glaces sans tain) montrent que la relation à l'écrit est infiniment plus riche et compliquée qu'il n'y paraît.

C'est d'abord une relation affective : du toucher – la prise en main, la nature du papier (velouté, lisse, granuleux, glacé, recyclé) – à l'impact visuel – force des photos, couleurs mises en œuvre, usage des blancs, rapport textes/images. La première réaction est sensible, quasi épidermique. On pourrait y ajouter l'odorat : nombre de papiers (et surtout des encres) ont aujourd'hui une odeur, naturelle ou composée. L'ensemble crée un univers sensoriel que décrivent tous les lecteurs. « *Un contrat de lecture, dans son acceptation éditoriale, détient trois constituantes* », explique Robert Fiess, conseiller éditorial du groupe France Antilles et surtout collaborateur d'Axel Ganz (fondateur du groupe Prisma, Géo, Femme Actuelle, Ça m'intéresse...) pendant 25 ans : « *Un corps physique, une organisation et un contenu. Le corps physique est essentiel... On ne peut changer de format ou de présentation sans induire une conséquence sur le contrat de lecture.* »[1]

C'est également une relation intellectuelle : l'écrit est avant tout un lieu d'activation des savoirs. Des idées, des concepts, de l'information qui animent réflexions, mise en relation de connaissances, mémorisation... « Je lis donc je pense ! »

C'est aussi partager une relation universelle : codes et modes de lecture sont partagés par l'ensemble des cultures. Il suffit de faire le tour du monde des journaux quotidiens pour s'en assurer. Dans toutes les langues, tous les alphabets, toutes les cultures, les journaux sont conçus sur les mêmes techniques : des textes en colonnes d'une largeur maximale de six centimètres, des titres, des surtitres, des photos légendées, une hiérarchisation de l'information qui répond à des règles, des codes précis. Et cela pour deux raisons fondamentales :

- comportementaliste : typographie, colonage, organisation des masses répondent à des contraintes de fonctionnement de l'œil ;
- cognitive : l'organisation de la mémoire visuelle nécessite une hiérarchisation des données ; rubriques, titres, chapeaux introducteurs puis articles en sont l'expression.

Enfin, l'écrit induit une relation fantasmée : en devenant lecteur, je me construis une image que je projette et que me renvoie l'autre. En me déclarant lecteur de Kant ou de Heidegger, je projette une image différente qu'en lisant Bibi Fricotin. Lecteur du *Monde* ou du *Financial Times*, ma mentalisation est différente que lecteur de *Voici* ou de l'*Écho de la Presqu'île*. Cette fierté du lecteur, associée à une capacité de projection sur l'autre, fonctionne également avec des supports internes. D'où le fameux « taux de circulation » cité précédemment ou, au contraire, la gêne de certains salariés à s'afficher avec un document de leur entreprise (voir les subtilités du prisme d'identité !).

---

1. Magazine *Com'Ent*, n° 3, juin 2006.

Il y a 50 ans, dans le journal

Dans les années 50, l'ancêtre de l'UJJEF se penchait (déjà) sur les bonnes règles du journal interne. Un ouvrage signé G. Bentley intitulé *Comment éditer un journal d'entreprise ?* en soulignait les objectifs :

- Augmenter le prestige de la société parmi le personnel.
- Améliorer les relations entre les ouvriers et la direction.
- Élever la morale et la loyauté.
- Augmenter la production et les ventes.
- Élargir les connaissances du personnel au sujet des règlements de la société, de ses produits et de sa politique.
- Améliorer la sécurité et la santé.
- Inspirer une amélioration des efforts du personnel.

Quant aux contenus, une étude publiée également au début des années 50 dans la revue *Choisir* identifiait pas moins de 18 genres. Dans l'ordre décroissant :

- Le travail dans les divers départements (15,90 %).
- Nouvelles des autres associations du personnel (12,80 %).
- Articles sans rapport avec l'activité de la société (11,60 %).
- Jubilés, promotions, retraites (11,10 %).
- Produits de la société (8,50 %).
- Personnel au travail (6,70 %).
- Loisirs du personnel (5,14 %).
- Citations, humour (5,10 %).
- Nouvelles professionnelles (4,70 %).
- Informations sur les relations commerciales et les visiteurs (3,60 %).
- Articles historiques (3,20 %).
- Informations de la direction, notamment les comptes (3,00 %).
- Nouvelles du club sportif (2,70 %).
- Renseignements sur la politique d'action de la société (2,50 %).
- …

Et l'étude finissait sur les interrogations suivantes : comment apprécier l'efficacité d'un journal d'entreprise ? Comment savoir ce que pense du journal le personnel de l'entreprise ? Comment organiser des correspondants dans les différents établissements ? Et, sachant que le responsable d'un journal a, dans l'entreprise, un autre poste qui lui prend la plus grosse part d'activité, comment procéder pour faire le journal dans un minimum de temps ?

Le journal, un outil fédérateur

Journal et magazine internes demeurent donc un outil essentiel d'un dispositif de communication. Mais il ne sert certainement pas à tout faire ! Son ancrage dans la stratégie de l'entreprise, et donc la définition d'une stratégie éditoriale précise, est indispensable. Comme le « plan de com' », sa construction doit être à l'intersection de trois types d'attentes : celles des salariés évidemment, être en cohérence avec les objectifs stratégiques de l'entreprise et porter l'identité de celle-ci (sur cette question, se reporter à la fiche diagnostique au chapitre 5, page 79).

En résumé, la construction d'un journal passe d'abord par la définition d'objectifs. Doit-il aider à favoriser une culture d'entreprise ? Être le miroir de la vie sociale ? Mettre en scène les savoir-faire ? Valoriser les *best practices* ? Aider les salariés à mieux se repérer ? Développer la solidarité au sein de l'entreprise ? Favoriser le décloisonnement des services ? Animer une dynamique commerciale ? Ou, comme le rappelait Yves Agnès[1], « *introduire un peu de désordre dans un univers d'ordre* » ?

Une fois les objectifs de communication identifiés, il faut construire un projet éditorial. Quatre étapes sont essentielles :

▶ hiérarchisation des objectifs (tous n'ont pas le même poids, la même urgence) ;

▶ traduction des objectifs par des partis pris éditoriaux ;

▶ classification des partis pris dans une architecture éditoriale ;

▶ mise en scène des partis pris éditoriaux par un rubricage.

Le rubricage n'est pas une fantaisie créative ni un désuet mimétisme de la « grande presse ». Au contraire. Aide au repérage et à la lecture dans un journal « en kiosque », le rubricage d'un magazine d'entreprise est avant tout un système de contraintes au profit

---

1. *L'entreprise sous presse*, voir *supra*.

des objectifs. « *Le rubricage est ce qui permet de veiller à la bonne prio-rité des messages et à la cohérence des différents outils d'information* », explique un responsable de communication.

« *Charnières du journal, les rubriques sont les thèmes principaux et réguliers de chaque numéro. Elles orientent et classent l'information. Elles donnent une identité et un sens au support* », rappellent les auteurs de l'ouvrage *Le journal d'entreprise en question*[1].

S'y contraindre, c'est s'assurer du respect des partis pris éditoriaux et donc des objectifs de communication assignés au support. C'est pouvoir justifier du choix de sujets, quelles que soient les pres-sions, de façon rationnelle et rigoureuse, avec le moins d'interpré-tations affectives possibles. C'est aussi la garantie d'une ligne éditoriale pérenne, identique de numéro en numéro, sans dérive ni lassitude, et d'un guide pour le comité de rédaction.

Le rubricage sous-tend également une organisation spécifique de l'information et une variété de traitements rédactionnels : repor-tages, brèves, dossiers d'analyse, interviews, débats, témoignages… Autant de richesse éditoriale qui permettra de maintenir le lecteur en éveil.

Pour le lecteur, c'est également la possibilité d'un repérage immé-diat. Le rubricage permet à celui qui découvre le journal d'en comprendre l'organisation ou de (re)trouver l'information qu'il recherche.

Enfin, le rubricage permet de donner des « rendez-vous », suscite des réflexes de « feuilletage ». Ne pas le respecter peut susciter chez le lecteur lassitude, interrogation légitime, voire discrédit de l'émetteur.

---

1. Collectif, *Le journal d'entreprise en question*, Éditions A Éditorial, 1995.

Satisfaire des objectifs, c'est organiser des niveaux de lecture spécifiques et construire un cheminement de lecture

Capter le lecteur est un processus complexe résultant de choix successifs. Il s'agit d'identifier un sujet en fonction des objectifs éditoriaux et de la périodicité, de définir des angles, de choisir des types de traitements rédactionnels et décider de leur mise en œuvre au sein du chemin de fer. En définitive, l'addition de ces choix permet de construire une « pyramide éditoriale ».

Figure 17 : La pyramide type magazine d'entreprise

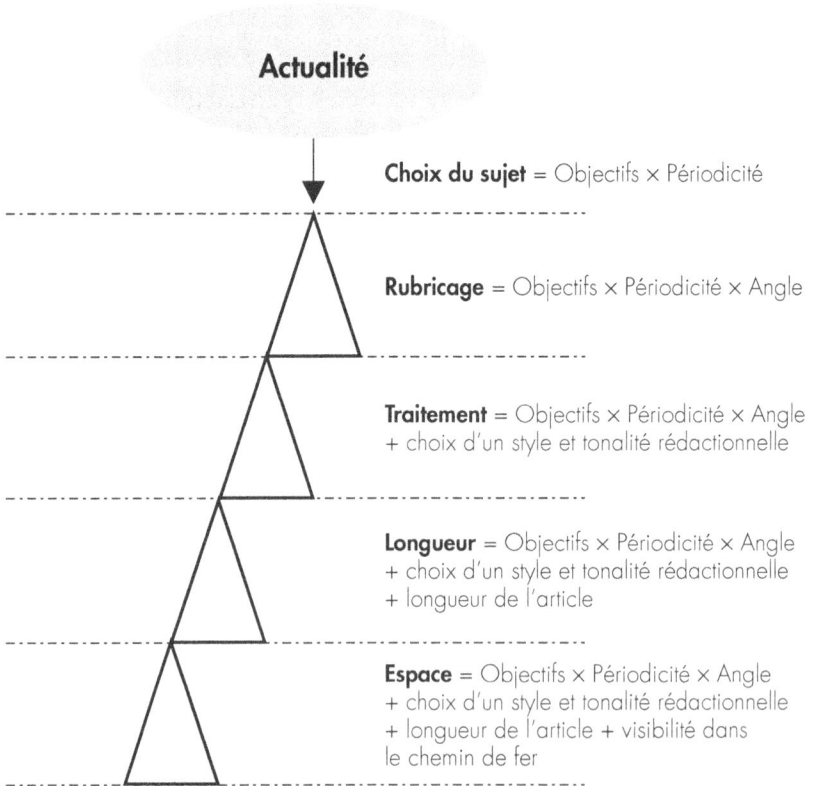

Actualité

Choix du sujet = Objectifs × Périodicité

Rubricage = Objectifs × Périodicité × Angle

Traitement = Objectifs × Périodicité × Angle
+ choix d'un style et tonalité rédactionnelle

Longueur = Objectifs × Périodicité × Angle
+ choix d'un style et tonalité rédactionnelle
+ longueur de l'article

Espace = Objectifs × Périodicité × Angle
+ choix d'un style et tonalité rédactionnelle
+ longueur de l'article + visibilité dans
le chemin de fer

Parlez-moi de moi ou les subtilités des lois de proximité

Pour affiner encore l'analyse éditoriale d'un journal interne, on pourra également appliquer les fameuses « lois de proximité » issues de la presse de kiosque.

Le constat initial et la logique du système sont simples : plus on s'éloigne du MOI, moins le lecteur se sent naturellement concerné par un fait ou une information, et inversement. On pourrait même ajouter, en paraphrasant une chanson célèbre, « Parlez-moi de moi, il n'y a que ça qui m'intéresse. »

À partir de là, les spécialistes ont déterminé une proximité qui fonctionne selon un triple axe :

▶ *Proximité géographique* : « ce qui se passe devant chez moi me touche davantage que ce qui s'est passé à 10 000 km ». Un incident de la circulation sur le chemin du bureau fait souvent davantage parler à la cafétéria que le tremblement de terre d'une faible magnitude intervenu au même moment au Mexique, même mortel !

▶ *Proximité socioprofessionnelle* : « les informations sur mon entreprise, mon métier, mon hobby, m'intéressent plus que d'autres sujets ».

▶ *Proximité psycho-affective* : « les grands instincts humains, principalement l'amour, l'argent et la mort attirent prioritairement la curiosité ».

Presque toutes les stratégies éditoriales des « *news magazines* » sont traversées par ces lois. C'est ainsi que l'on retrouve régulièrement à la une des kiosques « Le salaire des cadres » ou « Les bons plans de l'immobilier » (proximité psycho-affective sur l'argent), ou encore « Cancer, mal du siècle » (proximité psycho-affective liée à la mort), etc.

En entreprise, il ne s'agit certainement pas de singer la presse dite « grande » en abordant ces « marronniers ». Mais toute entreprise fonctionne sur ses propres lois de proximité. Il peut s'agir de la fierté du métier, des racines historiques, des « gloires » commerciales… À chacun de trouver ses propres lois de proximité qui, régulièrement, pourront irriguer le journal interne.

───────────────── **Les lois de proximité** ─────────────────

Yves Agnès, dans son remarquable ouvrage *Manuel de journalisme : écrire pour le journal*[1], explique que la loi de proximité journalistique comporte en réalité quatre composantes : « *L'actualité qui fait que nous sommes plus réceptifs aux faits, événements, situations qui se produisent ou sont présentées dans le moment présent (…) avec son corollaire, on s'intéresse à ce qui est nouveau, pas ce qui dure. Les grands instincts : tout ce qui concerne l'être humain dans ses dimensions fondamentales attire l'intérêt, éveille la curiosité (l'instinct vital, l'amour, le plaisir, la mort, la violence). La géographie : on est enraciné dans une ville, une région ; à tout le moins, on est originaire, on est "né quelque part"* ». L'appartenance à un groupe socioprofessionnel ou socio-culturel, avec notamment le désir de se rattacher à un groupe, le besoin d'identité et de rattachement étant un ressort important de la motivation.

───

Organiser et animer la remontée des informations

Une chose est sûre : pas de communication interne sans réseau. Avec une double vocation : remonter les informations essentielles pour l'alimentation des contenus (journal interne, newsletter, intranet, etc.), disposer de « capteurs » sur le terrain pour souligner les attentes, les inquiétudes, identifier les sujets de préoccupation et les rumeurs, mais également, dans l'autre sens, pour démultiplier et relayer les messages.

───────────────

1. Yves Agnès, *Manuel de journalisme : écrire pour le journal*, La Découverte, 2002.

Figure 18 : Les lois de proximité

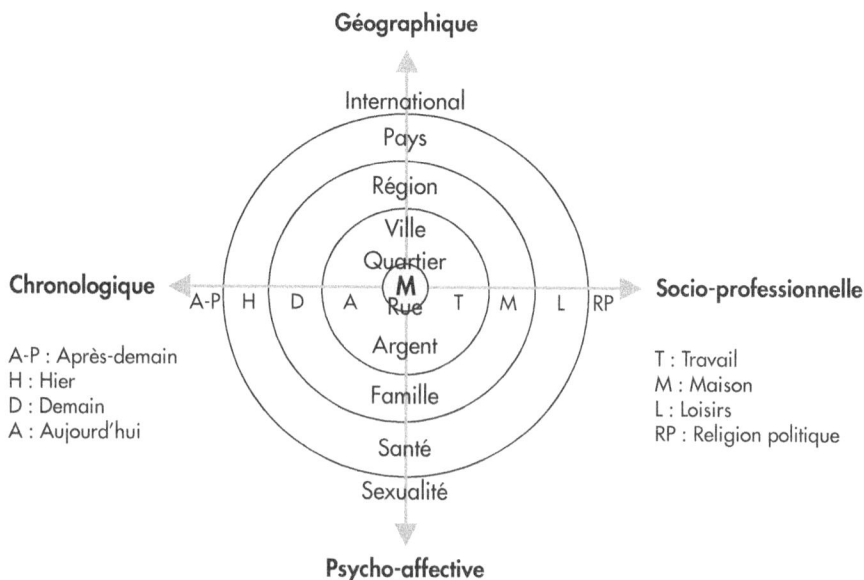

Géographique

International
Pays
Région
Ville
Quartier
(M)
Rue
Argent
Famille
Santé
Sexualité

Chronologique

A-P H D A T M L RP

A-P : Après-demain
H : Hier
D : Demain
A : Aujourd'hui

Socio-professionnelle

T : Travail
M : Maison
L : Loisirs
RP : Religion politique

Psycho-affective

Tout part de l'individu et de ses centres d'intérêt. Plus on s'éloigne du centre, moins le lecteur se sent concerné.

Constituer et animer son réseau est donc une tâche essentielle, indispensable, difficile et souvent mal anticipée dans les entreprises. De la qualité du réseau (pertinence des remontées d'information, qualité des sujets identifiés, fréquence de contact, dynamisme des animateurs) dépend largement le succès ou l'échec d'un dispositif. Combien de plans de communication ont sombré par manque de remontées ou par épuisement du réseau ? Avec son cortège de conséquences : absence de sujets ou mise en scène de « faux » sujets, manque de pertinence des actions de com', décrédibilisation des communicants... des dizaines ! Sans compter le risque qu'encoure un service de communication (et la direction générale) d'être « coupé de la base » sans capteurs efficients. Construire et animer un réseau nécessite donc un soin tout particulier.

Choisir ses contributeurs

Première étape, identifier les dépositaires. L'idéal est de privilégier les personnes communicantes, curieuses, qui ont le goût du relationnel et qui détiennent naturellement des informations grâce à cette propension à communiquer et à partager les informations avec leur entourage professionnel. L'erreur à ne pas commettre est de dessiner arbitrairement le réseau sur des considérations hiérarchiques ou toute considération de rang ou de préséance. Il n'y a pas de rapport de cause à effet entre les qualités requises et la position hiérarchique. Même s'il est indispensable, pour la qualité du réseau, que certains managers y participent, la seule qualité de « chef » n'est pas suffisante pour faire un bon relais.

La deuxième condition est bien sûr de choisir ses correspondants en fonction des objectifs assignés au support auquel ils vont contribuer. En effet, en fonction des objectifs, certains critères orienteront le choix (équilibre des métiers, représentativité des régions ou des pays pour un magazine international…). Peut-être un jour faudra-t-il veiller à la parité hommes/femmes, voire à la représentativité des minorités ?

Troisième condition, répondre efficacement à l'équation fondamentale « Je vous donne du temps. Qu'ai-je en retour ? » Car la mission de correspondant requiert du temps (généralement en sus de celui consacré à ses activités principales), de l'attention et de l'énergie. Aucun réseau ne fonctionne longtemps sans trouver un équilibre entre la demande et l'énergie consacrée. La rétribution peut prendre différentes formes : stages de formation à la communication ou à l'écriture, reconnaissance par la participation à des séminaires ou des réunions spécifiques, administratives (par l'intégration de la mission dans l'évaluation annuelle) ou encore financières (si cela est compatible avec la stratégie RH).

Enfin, un réseau ne saurait fonctionner sans un respect mutuel qui commence par une association étroite de celui-ci à la vie quotidienne de la com'. Par exemple, transmettre les sommaires « actés » des différents médias, les chemins de fer définitifs, consulter le réseau pour toute modification du dispositif de communication, promouvoir les sujets et suggestions remontés des correspondants (publier au moins 10 % des informations proposées et expliquer les raisons du non-choix), ou encore créer des outils spécifiques et fédérateurs (lettre-fax, newsletter, accès réservé sur l'intranet, voire l'intranet dédié, numéro de téléphone spécial). Pour fluidifier et formaliser les relations du réseau, plusieurs entreprises ont même instauré, un jour par semaine, une permanence téléphonique réservée. C'est l'assurance, pour les correspondants, d'avoir toujours une écoute disponible, et pour le service de communication, de mieux préparer ses requêtes.

Créer et animer un réseau de correspondants

Exemple

CIMENTS FRANÇAIS

Principe

Le grand groupe cimentier a, dans le cadre d'un mensuel à destination de tous les collaborateurs en France et en Belgique, déployé un réseau hors pair. Ce support est le seul à s'adresser à l'ensemble des métiers – au sens d'activités – qui composent ce groupe, soit pas moins de six spécialités.

Le choix de créer un réseau répondait à une attente des lecteurs exprimée à l'occasion d'une enquête, dont l'essentiel était de pouvoir « benchmarker » ses confrères, échanger les initiatives, ou encore, tout simplement, savoir ce qui se passe dans les autres régions ou dans une même région hébergeant d'autres activités.

Pas moins d'une quarantaine de correspondants bénévoles ont alors été identifiés. Un document très synthétique et pédagogique leur présentant en primeur la nouvelle formule leur a été remis.

Le but n'était pas de faire en sorte qu'ils maîtrisent la logique éditoriale du support, mais bien plutôt de les aider à repérer les grands espaces éditoriaux, et surtout de leur montrer qu'ils étaient considérés et importants.

Une fois le réseau composé, encore fallait-il le faire vivre et le maintenir dans le temps. Une méthodologie bien rodée, une certaine facilité à la maïeutique, de la disponibilité et le goût des échanges sont souvent les clés de la réussite.

Méthodologie

Tous les mois, les correspondants reçoivent les sommaires prévisionnels des deux numéros en cours. C'est leur donner l'occasion de voir quels sont les sujets retenus, et surtout de repérer si leurs sujets feront ou non l'objet d'articles. Par la même occasion, une date est prise avec eux pour un prochain échange téléphonique afin de recueillir leurs suggestions pour les prochains numéros.

À j + 15 environ, autant d'appels que de correspondants sont passés, et l'exercice de maïeutique commence. En effet, la plupart d'entre eux sont tentés, dans un premier temps, de dire que « rien d'intéressant ne s'est passé ». Or, on s'aperçoit rapidement au cours de la conversation que des informations qui leur paraissent anodines pourraient faire l'objet d'un papier ou, en tout cas, être soumises au prochain comité de rédaction. Cet échange est aussi l'occasion de leur expliquer pourquoi, si c'est le cas, certaines de leurs idées n'ont pas été retenues (obsolètes, hors périmètre éditorial, trop précoces, trop sensibles, plus pertinentes dans un autre support…). Et ce moment est crucial pour fidéliser les correspondants, les encourager dans leur mission de contributeurs qui, en général, s'ajoute à leur métier. Un autre point essentiel dans la fidélisation est de promouvoir, au moment du comité de rédaction, les sujets remontés par le réseau. Le pourcentage de sujets à retenir avoisine les 10 %. L'expérience montre qu'en deçà, le risque de voir s'épuiser lentement mais sûrement les bonnes volontés est certain. « Ah quoi bon proposer des sujets, si aucun n'est finalement retenu ! »

Quand une évolution est pressentie pour le support auquel contribuent les correspondants, ils en sont informés en amont, l'idée étant de recueillir leurs éventuelles remarques et de faire en sorte qu'ils puissent s'approprier cette évolution, que celle-ci ne soit pas un frein dans leur contribution.

Valorisation et motivation

Cet accompagnement mensuel ne suffit pas à maintenir « en vie » un réseau. Les échanges téléphoniques, même s'ils sont réguliers et nourris, doivent être enrichis par d'autres petites attentions souvent appréciées des correspondants.

Parmi ces petits plus, on trouve l'organisation d'un comité de rédaction en région. Le comité de rédaction s'élargit aux directions opérationnelles et aux personnes de terrain. Des personnes d'horizons différents se côtoient. C'est souvent l'occasion de glaner des idées de sujets pour plusieurs numéros, mais aussi de confronter la vision de chacun dans l'entreprise et, le cas échéant, de replacer le curseur au bon endroit.

Autre point apprécié : proposer aux correspondants la visite de l'imprimerie qui édite le support est une façon de donner une vision plus large du process de réalisation du magazine auquel ils contribuent ; ou encore les convier à un bilan annuel sur le magazine dans lequel peuvent être abordés différents points (méthodologie, étude de contenus du journal, émergence de nouvelles thématiques…).

Enfin, intégrer les missions du correspondant dans l'entretien annuel serait une réelle marque de reconnaissance. Mais les organisations RH des entreprises ne semblent pas matures pour ce type d'évolution. Autant on peut octroyer du temps à un délégué syndical, autant intégrer le rôle de correspondant dans les définitions de fonction aux côtés des missions du métier lui-même n'est pas courant. Pourtant, ces personnes prennent du temps pour assurer cette mission de contributeur ; elles peuvent acquérir des réflexes et des savoir-faire qui enrichissent leur parcours professionnel.

> *Autant d'éléments qui pourraient enrichir le sacro-saint entretien et qui permettraient de les conforter dans leurs missions.*
>
> *En conclusion, animer un réseau de correspondants, c'est du temps, un peu de pédagogie, beaucoup de relationnel et des petites attentions qui font qu'un correspondant fidélisé et valorisé peut être une mine d'informations. De là à penser que sans correspondant, point de salut pour le magazine interne, il n'y a qu'un pas...*

La refonte de formule d'un journal interne

La communication interne et ses outils doivent savoir se remettre en cause, évoluer, se rénover, sous peine de perdre pied avec la réalité de ses destinataires. Quels sont les déclencheurs d'une refonte de formule ? Pourquoi, comment, à partir de quand, en fonction de quoi ? sont autant de questions que doivent se poser régulièrement un rédacteur en chef, un responsable de publication ou un directeur de com' interne. D'autant que les rythmes de vieillissement et l'érosion des outils sont de plus en plus rapides, dans la presse d'entreprise comme dans la presse de kiosque.

Dans les années 80, les journaux changeaient leurs formules tous les cinq ou six ans. Idem pour ce qu'on appelle les « habillages » télévisuels (génériques d'émissions, jingles annonçant les espaces publicitaires…). Combien de temps la chaîne qui s'appelait alors Antenne 2 a eu comme générique publicitaire la fameuse petite pomme qui rétrécissait ? Une demi-génération.

Dans les années 90, les rythmes de rénovation de formules se sont accélérés. Les journaux se sont « relookés » tous les trois ou cinq ans. La télévision a suivi, notamment en rajeunissant les génériques des journaux de 20 heures tous les deux ans.

Depuis 2000, les cycles se sont encore accélérés, chaque média étant poussé par l'attractivité novatrice des autres ; la presse écrite par la TV, la TV par le net et le net fasciné par sa propre audace créative. Ainsi assiste-t-on à une course permanente (et bénéfique) au « relookage ».

Les outils de communication d'entreprise n'échappent pas au phénomène. On peut certes décider que les cycles de l'entreprise sont plus longs, que l'expression des valeurs nécessite du temps, que la dictature du court terme n'a pas à imposer sa loi à la communication interne... N'empêche : le salarié-consommateur-acteur-téléspectateur a désormais un œil, une culture esthétique aiguisée et avide de changements !

Il existe donc des signes à « prendre au sérieux » sous peine de voir mourir un support de communication interne ou d'être « lynché » intellectuellement par les très mauvais résultats d'une enquête de lectorat. Il sera alors trop tard...

Quels déclencheurs pour une refonte de formule ?

Un des premiers déclencheurs peut donc être un graphisme vieillissant qui ne correspond plus aux tendances de la presse, aux habitudes de lecture des destinataires. N'oublions jamais : les lecteurs de supports internes sont aussi des lecteurs en général. Bien sûr, cet aspect est à moduler en fonction de la typologie du lectorat. Certaines populations pourront être à l'aise face à des textes très éditorialisés, très denses ; d'autres préféreront les formats plus courts, plus nombreux, très illustrés... Ces éléments sont à apprécier en fonction du niveau d'éducation moyen des lecteurs, de leur rapport à la lecture, mais également de la culture de l'entreprise, etc.

D'autres éléments peuvent aussi motiver une évolution de formule comme, par exemple, « l'absentéisme » des membres du comité de rédaction, leur manque d'assiduité et d'implication dans la suggestion de sujets. Signes de lassitude, d'une formule qui ne séduit plus, qui n'est plus en phase avec la réalité de l'entreprise, annonce d'un schisme entre les communicants et les salariés-lecteurs…

Les résultats d'une enquête de lectorat sont souvent des motifs d'une évolution de formule. L'exercice consiste alors à croiser plusieurs paramètres pour trouver le point d'ancrage de la refonte. Ces paramètres sont les attentes et les besoins des lecteurs exprimés à travers l'enquête, l'évolution de l'entreprise (sa position sur le marché, son organisation, ses ressources humaines, techniques, financières…) et les objectifs de communication issus d'une volonté politique qui vont guider la logique éditoriale du futur magazine. Le journal interne est donc bien le résultat d'une rencontre.

L'évolution de formule peut alors osciller entre un simple « *lifting* » graphique, c'est-à-dire une évolution de certains éléments graphiques de type palettes de couleurs, typographies, nombre de colonnes, etc., et une refonte totale qui adopte de nouveaux codes graphiques et éditoriaux.

Figure 19 : Schéma de la courbe d'évolution de la formule

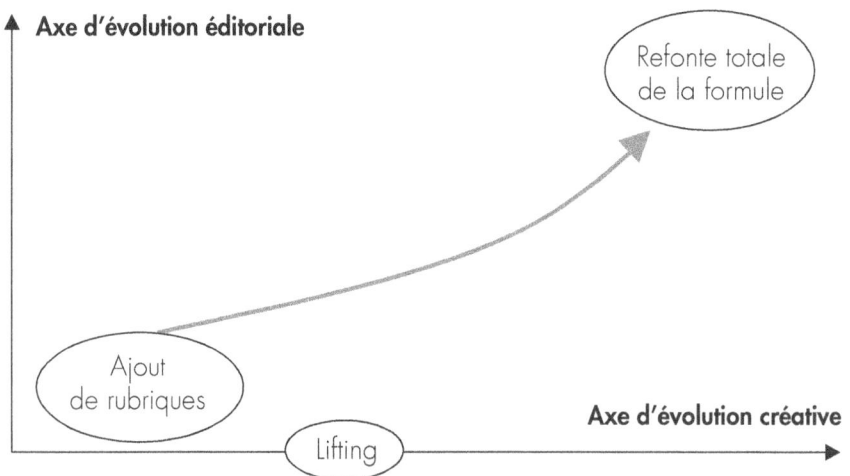

Comment procéder à une refonte de formule ?

Exemple

LA BANQUE DE FRANCE

Fréquence banque

En 2004, la Banque de France connaît des changements profonds : évolution du réseau, fermeture de succursales, vente d'une partie du parc immobilier, une banque centrale nationale parmi les autres au sein de la BCE, l'Eurosystème, l'arrivée d'un nouveau gouverneur… Autant d'éléments dont il fallait tenir compte parce que déstabilisants pour les collaborateurs. La banque souhaite faire évoluer la formule de son magazine Fréquence Banque *(16 pages, 37 000 exemplaires diffusés aux retraités et collaborateurs) vers une communication plus stratégique, moins événementielle et factuelle, qui offre plus de mise en perspective. La dialectique a alors consisté à montrer que c'est parce que la Banque de France sait faire face à ces évolutions et s'inscrire dans une réalité économique qu'elle jouera pleinement son rôle d'acteur incontournable dans une Europe en train de se construire. Pour cela, une nouvelle posture, celle de la curiosité et de l'ouverture, est venue renforcer les deux missions initiales assignées au magazine, à savoir l'explication des choix stratégiques et la valorisation des métiers. Cette posture s'est traduite par la création de nouvelles rubriques ouvertes à des intervenants extérieurs, à des sujets macro-économiques, sociaux, sociétaux… Petit florilège : les travailleurs nomades, la planète en danger, le poids économique et les dangers de la contrefaçon, le micro-crédit vu par Maria Nowak, présidente de l'Association pour le droit à l'initiative économique (ADIE), ou encore l'explication par Michel Prada, président de l'Autorité des marchés financiers (AMF) de l'impact des « Hedge Funds », ces « fonds de fonds », et le rôle indispensable de régulation de l'AMF.*

Pour aider le lecteur à repérer cette nouvelle dynamique éditoriale, trois grands chapitres séquencent le sommaire, à savoir ouverture, stratégie, partage. Sortes de balises de lecture dans lesquelles sont ventilées les rubriques, elles permettent au lecteur de mieux s'approprier la nouvelle formule.

Une nouvelle approche créative

Cette refonte éditoriale a été couplée à une refonte graphique. Le format a été légèrement modifié. Du A4, le magazine est passé à un format un peu plus large et raccourci en hauteur, pour donner plus « d'air » à la mise en pages.

Pour la gestion des textes, l'alternance de rythmes a été privilégiée. Petits modules pour les brèves, texte sur deux colonnes pour le dossier qui ouvre par un visuel pleine page, niveaux de lecture nombreux (bibliographies, renvois à intranet, testimoniaux, lexique…), sortes de « zakouskis » qui permettent au lecteur de se reposer et de piocher les informations qui l'intéressent.

Côté visuel, des reportages in situ *sont réalisés par des photographes « maison ». Événements marquants, portraits de collaborateurs pour les parcours professionnels, table ronde… Autant de sujets qui font l'objet de prises de vue à chaque parution. Pour les sujets moins évidents à mettre en scène, des illustrations sont réalisées sur mesure ou encore le recours à la photo décalée peut être préféré. Des signatures comme Martin Parr chez Magnum ont d'ailleurs avantageusement illustré certains numéros.*

Pour les couleurs, des tons acidulés ont été choisis pour le chapitre « partage », en écho aux sujets de proximité qui y sont traités. La partie « stratégie » adopte des dominantes plus neutres (mastic, gris…). Quant aux premières pages (actualités et sujets d'ouverture), des teintes franches comme le rouge et le jaune ont été adoptées.

Les premières impressions des lecteurs remontées spontanément ont été positives.

Quatre années après la mise en place de cette formule, une enquête de lectorat est envisagée. L'Europe évolue, le réseau est stabilisé, il est en effet temps pour Fréquence Banque *de prendre le pouls de ses lecteurs, de vérifier qu'il correspond toujours aux attentes de ses cibles, mais aussi d'élargir son périmètre éditorial. L'Union européenne, c'est maintenant 25 pays et 450 millions d'habitants ; les banques nationales ont de plus en plus un rôle majeur à jouer dans cette union. Autant de paramètres qui peuvent également nécessiter une refonte de formule.*

Plates-formes collaboratives :
la nouvelle révolution de l'édition

Impératif du travail collaboratif, réduction des temps de cycle, pression du temps réel, coordination multilingue, régionalisation de certains contenus… Jamais l'information d'entreprise n'a été sujette à autant de challenges simultanés. Pour y répondre, des solutions techniques commencent à être disponibles sur le marché : les plates-formes de publication ou systèmes d'intelligence éditoriale (SIE).

À l'origine de ces nouveaux outils, on trouve des questions de plus en plus fréquentes : comment contrôler et optimiser des circuits de validation de plus en plus complexes ? Comment réduire les temps de cycle de réalisation (tout en multipliant le nombre d'éditions, notamment en plusieurs langues) ? Comment publier, simultanément, plusieurs contenus sur différents médias (intranet, Internet, journal interne, lettre de sites…), et ce, sans avoir à multiplier la charge de travail des équipes ?

Mais ces systèmes peuvent aller encore plus loin et permettre de personnaliser des éditions (par segmentation des publications grâce à l'alimentation en direct de rubriques spécifiques par les contributeurs locaux) ou de délocaliser une partie des éditions grâce à la mise à disposition de gabarits simples de maquettes qui permettent de visualiser en temps réel l'intervention des communicants locaux dans des rubriques ou articles dédiés. Enfin, demain, ces systèmes permettront également l'automatisation de données en grand volume (comme par exemple les catalogues de prix ou les documents de références financiers des entreprises du Cac 40).

Ces plates-formes offrent ainsi : la mise à jour semi-automatique de données, la mise à jour semi-automatisée des fichiers PAO, la saisie unique et la traçabilité des données (à partir d'une source unique de données, on pourra éditer plusieurs médias, *print* ou *on-line*, en instantané).

BEL : UN VRAI JOURNAL POUR ACCOMPAGNER L'EXPANSION INTERNATIONALE ET PRÉSERVER UNE CULTURE DE GROUPE

Des inventions, des marques, des mutations

Créé en 1865, présent dans plus de 120 pays et employant quelque 10 000 salariés, le groupe Bel est surtout connu pour ses marques de fromages en portions : La Vache qui Rit, Mini Babybel, Kiri enjambent sans peine les frontières culturelles et les continents. Mais à l'heure de l'Apéricube, peu de consommateurs peuvent citer le groupe qui est l'auteur de ces inventions révolutionnaires. Le groupe Bel souffre d'un symptôme courant avec les success stories *mondiales : ses marques. Particulièrement fortes, elles vampirisent la notoriété de l'entreprise qui les porte. Un constat partagé par des entreprises aussi prestigieuses que PPR, maison-mère de Gucci et de la Fnac, ou encore BSN, avant que le groupe ne devienne… Danone. Les palmes du succès n'en sont pas moins au rendez-vous : en 2006, Bel affiche un chiffre d'affaires consolidé de plus de 1,8 milliards d'euros et réalise 80 % du volume de ses ventes en dehors du territoire français. Et l'ambition affichée du groupe est de doubler sa taille d'ici 2012.*

Déterminer les contours du groupe

En 2005, Bel entreprend une nouvelle série de mutations fortes et rapides. Une croissance exponentielle du groupe à l'international, de nouvelles donnes économiques en termes de production, la nécessité de réagir aux nouvelles concurrences (marques distributeurs et hard discount*), l'ensemble alimenté par une tendance porteuse, ce que les Anglo-Saxons appellent le « snacking ». Pour Bel, il s'agit de surfer sur le « snacking sain ». Un concept qui propulsera, par exemple, La Vache qui Rit light (moins de 7 % de matière grasse) à la une de presque tous les journaux féminins américains, et même dans les colonnes du* New York Times *!*

Dans cette ambiance de mobilisation, Bel souhaite également donner de la consistance à la notion de groupe et accompagner en interne les mutations opérées. Le premier plan de communication interne « groupe » voit ainsi le jour.

Pour Guillaume Jouët, directeur de la communication du groupe, le caractère patrimonial et familial de Bel imprime à la com' interne une empreinte spécifique pour au moins deux raisons : « Lorsque 70 % du capital appartient à une famille, celle-ci a clairement un objectif prioritaire : garantir l'indépendance de l'entreprise. Ce qui nécessite d'abord d'en définir les attributs, puis de décrire le modèle que l'on défend et enfin de déterminer un projet. Et c'est là que la com' interne est essentielle. Elle doit expliquer le modèle, souligner les spécificités de l'entreprise et fédérer les salariés autour du projet. Les objectifs vont bien au-delà d'un simple enjeu de bon fonctionnement d'une collectivité de salariés ou d'une gestion saine d'une entreprise rentable. La communication interne contribue à la définition du caractère distinctif de l'entreprise, du modèle à défendre et, en ce sens, participe à la défense de l'indépendance. » *Seconde différence, un groupe familial n'a pas, sur de nombreux sujets, le même regard qu'une entreprise plus « anonyme » :* « La notion du temps est légèrement décalée, dans le sens où le moyen terme prime, avec bonheur, sur le court terme ; les salariés se sentent probablement moins menacés et ont un sentiment d'appartenance et de contribution plus fort. Et surtout les notions de culture et de valeurs sont plus naturelles, donc plus crédibles, avec une véritable résonance sur le terrain. Chez Bel, les valeurs sont réelles et l'attachement à l'histoire du groupe n'est pas un vain mot. Et quatre de nos valeurs, l'éthique, l'innovation, la compétence et la cohésion, ont été facilement déclinées en actes managériaux. »

Puiser dans ses valeurs

Il s'agissait donc, premièrement, d'ancrer la réalité du groupe dans ses terreaux essentiels, ses fondamentaux, de façon à mieux définir les valeurs dans une optique multiculturelle et internationale. Parmi les éléments constitutifs du groupe, on trouve :

➤ *La subtile conjugaison d'un esprit novateur et du respect du consommateur : on ne diffuse pas 10 millions de portions de Vache qui Rit par jour, principalement pour des enfants, sans*

*une rigueur nutritionnelle et industrielle proche de l'obsession !
Un respect qui s'appuie également sur une forte éthique depuis
les* process *de fabrication et de conditionnement des produits
jusqu'aux normes d'hygiène.*

➢ *Le sens du partage et une réelle convivialité, qui s'illustrent
dans des campagnes publicitaires au ton parfois provocateur
mais jamais méchantes.*

➢ *Sans oublier la marque de fabrique du groupe depuis sa création, une sorte « d'ADN créatif », lequel repose sur les succès
que Bel souhaite continuer de valoriser dans le contexte de son
développement international. Un « ADN » avec une triple
dimension :*

– *Technique et industrielle : l'emboutissage de l'Apéricube ou
les systèmes de suspensoirs des Mini-Babybel ont été et
demeurent de véritables innovations industrielles qu'envient
tous les acteurs du marché.*

– *Innovation : Bel a été le premier à développer des fromages
sains et à forte valeur nutritionnelle, qui voyagent dans le
monde entier et peuvent s'affranchir de la chaîne du froid
tout en conservant les qualités essentielles du lait.*

– *Marketing : l'idée même de proposer du fromage avant le
repas avec le concept d'Apéricube était, à l'époque, presque
« iconoclaste ». Bel a rendu le fromage « nomade » et a créé
de nouveaux instants de consommation. Le tout en produi-
sant des marques puissantes grâce à des sagas publicitaires
inoubliables.*

Visibilité et cohésion

*Après les valeurs, le groupe se penche sur ses outils de communica-
tion interne. En 2005, le dispositif est à l'image de l'entreprise : très
décentralisé, avec un intranet groupe riche, mais dont l'appropriation est limitée (l'essentiel du personnel est constitué d'opérateurs en
usine), et quelques parutions locales. Certains pays ont leur publication nationale et quelques sites de production ; les plus importants
émettent leur propre journal. L'objectif premier, à savoir, traduire
les valeurs du groupe et faire partager les expériences de chacun
au niveau international, se concrétise donc par l'élaboration d'un*

*support commun. Et l'enjeu est considérable. Car lorsque l'ambi-
tion est de doubler de taille, la croissance, qu'elle soit organique ou
externe, doit se faire en dehors des marchés historiques matures,
donc principalement dans des pays émergents.* « Le risque de choc
est double », *analyse Guillaume Jouët, directeur de la communication du groupe :* « quantitatif, par l'arrivée de nombreux
nouveaux salariés, et culturel. Notre récente acquisition, en
Ukraine, en avril 2007, représente ainsi l'arrivée de 10 %
d'effectifs en plus. Avec leur culture propre. Le transfert de
valeur et l'explication du modèle Bel sont donc essentiels. La
com' interne est un vecteur de consolidation indispensable ».
Ainsi naîtra Daily Bel, *un journal destiné à l'ensemble des collaborateurs du groupe, édité, proximité oblige, en dix langues. Il
s'articule autour de quatre axes majeurs :*

➤ *Montrer la réalité internationale du groupe à travers le dynamisme des zones d'implantation, et en informant les employés
sur toutes les activités des filiales, des sites et pays, en mettant
l'accent sur le foisonnement d'initiatives pour instaurer des
références communes et les partager.*

➤ *Refléter le groupe dans son quotidien en relayant des informations transverses et fonctionnelles, lesquelles permettent à chacun d'accéder à une compréhension des choix de l'entreprise.*

➤ *Renforcer l'adhésion au groupe à travers des fiertés partagées
en capitalisant sur des richesses telles que la notoriété des marques Bel, la variété des savoir-faire ou la qualité des* process
de fabrication.

➤ *Créer un lien de proximité culturel autour de l'entreprise en
octroyant une place de choix aux sujets pratiques et aux cas
concrets, comme les modes de consommation, les pratiques ali-
mentaires dans chaque pays, par typologie de clients...*

Daily Bel *: le groupe, dans le monde, au quotidien*

*Le choix de l'intitulé est sans équivoque : il ne s'agit pas de dif-
fuser un magazine* corporate *d'entreprise, mais un « vrai » journal d'information, au format de lecture universel qui rappelle
celui d'un quotidien.* Daily Bel *sera au groupe ce que le* Daily
Telegraph *était aux Anglais avant Internet : la référence de*

l'actualité. La réflexion est la suivante : pour accélérer le partage des valeurs et l'échange des données, la com' du groupe se doit d'être forcément universelle, accessible à tous, dans toutes les cultures et quels que soient les modes de lecture. Un benchmarking *des titres de presse les plus diffusés dans les pays où Bel est présent impose une évidence : point commun entre un opérateur marocain et un commercial canadien ? Son journal quotidien.* Daily Bel *en prendra donc la forme, et dans toutes les langues du groupe.* « Le fait d'aller chercher les lecteurs dans leur langue est un pari pour accélérer la transmission de notre capital commun », *souligne G. Jouët.* « Et nous avons décidé de lancer une nouvelle édition pour chaque nouvelle population culturelle importante rejoignant le groupe. »

Au sommaire du numéro un : la création de Bel Japon, la réussite du premier co-branding *(La Vache qui Rit et Knorr lancent en commun le « velouté de courgette » qui fera un véritable succès au rayon des soupes), le changement de look de Leerdammer, mais également un clin d'œil aux fromages du… Néolithique. Dans les numéros suivants, on y trouve aussi bien des sujets sur l'organisation de la R&D du groupe que sur le défi de l'obésité – mal du siècle ? En tout cas* « problème majeur de santé public », *souligne le journal –, le lait de dromadaire (qui a du mal à cailler), sans oublier le fromage-radar, un emmental géant qui, en Suisse, freine les ardeurs routières des automobilistes.*

Des informations stratégiques, des actualités internationales, des anecdotes… La stratégie éditoriale prend ainsi en considération l'ensemble des lecteurs, en termes de tranches d'âges (plusieurs niveaux de lecture, textes courts, approche de l'information universelle), mais également de différences culturelles.

L'architecture éditoriale reprend le fil des enjeux du plan de communication interne :

➤ *Informations locales et internationales sont traitées dans « Bel planète », scindée en quatre sous parties. Le journal traite ainsi aussi bien du Kiri au Maroc que du traitement des excédents laitiers aux Açores ou de l'augmentation des capacités de production dans le Kentucky.*

> *Économie et stratégie du groupe sont traitées en trois rubriques qui se concentrent sur des événements plus* corporate.
> *La vie des marques Bel fait le point sur un lancement de produits ou une extension de gammes internationales, ou encore le nouveau look pour La Vache qui Rit, l'offensive d'Apéricube et le tour de la planète Kiri.*
> *Marché et consommation sont évoqués dans la rubrique « Observatoire », qui propose une mise en parallèle de la position Bel par rapport aux habitudes alimentaires ou aux modes de consommation : de la tendance du « nutritionnellement correct » aux derniers succès du packaging.*

Daily Bel a permis au groupe d'exister, simplement mais régulièrement, dans l'ensemble de ses filiales et tous les pays où les marques sont présentes. Restait ensuite à enrichir le dispositif. Un mémo « chiffres-clefs », une charte des valeurs, divers outils d'accompagnement du changement (notamment pour les cadres) sont venus, dans un premier temps, compléter l'ensemble. Puis, la direction de la communication s'est attelée à revoir les formats des séminaires et des conventions internes ; elle travaillait en 2007 sur un important programme de mécénat. À terme, le groupe Bel disposera d'un plan de communication capable d'accompagner le doublement de la taille de l'entreprise.

Le plus difficile dans sa mission de dircom du groupe ? « La gestion du temps. Il faut trouver un équilibre entre le long terme nécessaire pour construire une communauté de pensée et le déséquilibre constructif permanent d'une entreprise en mouvement. On aimerait que l'entreprise puisse se poser, se figer quelque temps afin d'analyser les stratégies développées, les mesurer, les affiner. Un dircom n'a jamais l'opportunité de figer sa stratégie de communication. Mais c'est aussi ce qui fait la saveur du métier. »

CETELEM : CURE DE JOUVENCE POUR LE LEADER EUROPÉEN DU CRÉDIT À LA CONSOMMATION

Pérennité, croissance organique et expansion internationale

Créée en 1953 pour financer l'équipement des ménages au lendemain de la Seconde Guerre mondiale en France, Cetelem est devenue la première référence du crédit à la consommation en Europe continentale. En 2005, suite à son intégration au groupe BNP Paribas et grâce à une période de mutation profonde, l'ancienne PME française à succès acquiert un statut de groupe et accède à une dimension internationale.

En moins de six ans, Cetelem s'est effectivement implantée dans quelque 24 pays avec un effectif de 11 000 collaborateurs, illustrant la réussite des entreprises françaises. L'entreprise est alors confrontée à une croissance organique considérable doublée d'un rajeunissement constant de sa population salariée.

Pour accompagner ces changements, la communication interne de Cetelem France s'appuie, entre autres, sur un dispositif éditorial construit au fil des années. Première entité de ce dispositif, le magazine bimestriel Nous, *diffusé depuis 1987 aux collaborateurs français, et qui a fêté son centième numéro. En parallèle, d'autres supports sont venus compléter l'organisation : électroniques évidemment (avec l'intranet et des lettres en ligne), de proximité (lettres RH, réseau), ou, au niveau du groupe Cetelem,* Cetelem News, *un magazine international aux vocations fédératrices.*

Nous *ou la fierté du quotidien*

Au début des années 90, sur de nombreux plans, Nous *constituait déjà une exception novatrice dans le paysage des publications d'entreprise. Pour Arnaud Danloux, rédacteur en chef arrivé aux commandes du magazine en 1991,* « c'était déjà un véritable magazine, en couleur, dont la maquette rappelait la presse grand public.

Cependant, les contenus, souvent épars et trop longs, n'étaient pas forcément bien compris ni bien perçus par les lecteurs. Une première étude de lectorat avait par ailleurs mis en évidence le souhait des collaborateurs de Cetelem de trouver en *Nous* un ton qui soit davantage le leur plutôt qu'une émanation écrite de la direction. Le journal comptait alors moins de trente pages et la fabrication était totalement interne ».

A. Danloux fait évoluer la formule, conserve la maquette mais rapproche les contenus des lecteurs, notamment grâce à des sujets susceptibles d'intéresser les collaborateurs de Cetelem, mais aussi de les valoriser à travers leur vie professionnelle. Au programme : vie des agences, actualité du terrain, suivi des réunions (nombreuses) avec les clients et les partenaires, « coup de chapeau » aux équipes auteurs de succès, etc. Sur le plan de la forme, un retour à une certaine impertinence et à une plus grande liberté de ton a été opéré, ce qui a été accueilli très positivement par le lectorat.

En novembre 2005, une étude de lectorat révèle une notoriété spontanée exceptionnelle du support, tout en soulignant une nécessité d'évolution. Les équipes ont changé, la pyramide des âges a évolué et l'internationalisation a modifié les paramètres de Cetelem France. Largement repéré, lu ou parcouru à chaque publication, Nous *représente une source d'informations professionnelles pour 84 % des collaborateurs interrogés. En revanche, une partie du lectorat que souhaite privilégier la direction de la communication, jeune, non-cadre et plutôt opérationnelle, esquisse plusieurs pistes d'optimisation du support.*

Parmi les principales attentes, on trouve :

➤ *Mieux situer Cetelem France au sein du groupe (comme dans tout grand groupe les repères sont de plus en plus flous, l'international est vécu à la fois comme une chance et une menace).*

➤ *Représenter les métiers, les agences et les implantations avec davantage d'équilibre (la société s'est formidablement diversifiée, de nouveaux métiers sont apparus, d'autres ont muté).*

➤ *Livrer de plus amples informations RH (une tendance récurrente dans toutes les grandes entreprises).*

➤ *Renforcer l'information ayant trait à l'environnement du crédit pour fournir une culture générale sur le secteur professionnel (le crédit est devenu une activité complexe, extrêmement concurrentielle, et les produits doivent constamment évoluer pour accompagner une clientèle de plus en plus volatile).*

Au final, l'étude montre que si Nous *bénéficie d'une grande popularité, ses lecteurs attendent néanmoins que le magazine reflète mieux leur quotidien professionnel, rapproche les collaborateurs et leur fournisse les informations nécessaires à la compréhension des enjeux de Cetelem.*

Proximité et compréhension

La nouvelle formule de Nous *va écouter ses lecteurs. L'idée est d'en faire un support d'informations en cohérence à la fois avec les changements et les mutations connus par Cetelem, et avec ses salariés, plus jeunes qu'auparavant. Trois axes sont développés :*

➤ *Renforcer la proximité entre le magazine et ses lecteurs en mettant en avant les salariés à tous les niveaux, par leurs témoignages et la valorisation d'articles de proximité montrant la réalité du terrain, et en s'adaptant aux codes de lecture des collaborateurs plus jeunes.*

➤ *Expliquer l'entreprise aux salariés en montrant les liens entre les équipes et avec la maison-mère, et en identifiant les thèmes* corporate.

➤ *Mieux situer Cetelem sur le marché en expliquant les mécanismes économiques qui influencent l'entreprise et son marché, en abordant la concurrence et en enrichissant les articles sur les tendances économiques actuelles.*

Une cure de jouvence pour Nous !

Nouvelle maquette, couleurs vives : la nouvelle formule de Nous *se veut résolument proche de son lectorat rajeuni et reflète l'esprit de changement qui souffle sur Cetelem.*

Son format, plus petit et plus maniable, se rapproche de celui des nouveaux magazines féminins en kiosque. Il comporte jusqu'à 60 pages, avec un dos collé, comme l'édition mini de Cosmo *!*

172

Côté contenu, les textes courts et les encadrés sont privilégiés pour une appréhension de l'information plus efficace et plus rapide. La valorisation des salariés est dynamique : des photos de collaborateurs et des témoignages parsèment Nous *tout au long de chaque numéro.*

Le magazine se divise en cinq grandes rubriques, en cohérence avec les attentes des lecteurs :

➤ *« C'Neuf » : convention, nouveau logo, ouverture de centres de relations clients… Les événements-clés de l'actualité Cetelem France sont traités dans une rubrique scindée en deux sous-parties : « L'événement » pour les faits présentés en détails et « Actus » pour une revue plus rapide d'autres actualités.*

➤ *« C'fort » s'oriente directement sur les outils et les offres Cetelem, avec la présentation des derniers produits, des logiciels récemment installés… Tous les salariés ont ainsi connaissance des innovations mises en place.*

➤ *« C'clair » pour la stratégie de l'entreprise et son organisation interne, avec pour objectif d'expliquer Cetelem à ses collaborateurs.*

➤ *« C'nous » traite de la vie de l'entreprise sur le terrain, et des portraits de collaborateurs sont présentés en plusieurs sous-rubriques, différentes selon les numéros. « Équipes et métiers » peut par exemple présenter une équipe ou une direction en particulier, un projet-phare ou les valeurs de Cetelem ; « Vie de l'entreprise » propose une revue des rencontres et des événements entre collaborateurs, tandis que « Profils » expose plusieurs parcours de salariés.*

➤ *Enfin, « C'autour de nous » offre un tour d'horizon de l'actualité autour de Cetelem, incluant le côté des filiales internationales du groupe.*

Parce que la place des publications internes a changé…

Pour Arnaud Danloux, « l'expérience de *Nous* permet de dresser plusieurs constats quant à l'évolution des magazines internes durant la dernière décennie ».

En premier lieu, « un journal interne comme *Nous* ne saurait désormais traiter l'information "chaude" de l'entreprise avec pertinence. Pour ce faire, les NTIC ont pris le relais, et envoyer un e-mail ou mettre en ligne une information sur l'intranet sont des moyens qui répondent plus efficacement à l'urgence. En revanche, compte tenu des délais de fabrication, un journal interne permet une prise de recul par rapport aux sujets qu'il propose et offre à ses lecteurs la possibilité de digérer l'information en prenant le temps de lire. Des publications comme *Nous* présentent l'avantage d'être de formidables outils de valorisation qui sortent de l'entreprise et voyagent dans le cercle des proches des collaborateurs. Outre le suivi de la vie des salariés, un journal constitue une mémoire, une archive vivante de l'entreprise. *Nous* est d'ailleurs devenu un outil d'acclimatation pour les nouveaux arrivants chez Cetelem. Souvent, on leur conseille de lire quelques numéros pour s'imprégner de la culture de l'entreprise tout en découvrant des informations pratiques et utiles sur leur nouvel environnement professionnel. Lorsqu'il est conçu dans de bonnes conditions, un journal interne présente encore de solides atouts qui vont bien au-delà d'un site intranet ou d'une simple newsletter… »

Le journal interne est en effet souvent vécu comme le signe d'appartenance à une « tribu ». Comme si le fait d'en être destinataire était une confirmation tangible de son existence dans l'entreprise. À condition que le journal pense à Nous !

CHAPITRE 8

La fracture numérique

Sous les pavés, la web-plage

Rupture de relations

L'arrivée dans les entreprises des technologies numériques et tout particulièrement de l'intranet a évidemment provoqué des mutations profondes : organisationnelles, informationnelles, fonctionnelles et finalement culturelles. « *Les NTIC (nouvelles technologies de l'information et de communication) modifient de façon considérable le champ et les applications de la communication dans l'entreprise* », estime Michel Germain, maître de conférence au Celsa et pionnier de l'intranet. « *Au-delà de la transmission des informations et du partage de connaissances, les relations multiples et croisées entre communication, organisation, travail coopératif, management des connaissances, aide à la décision, s'expriment de façon plus manifeste, dans un entrelacs serré et coordonné.* »

Des bouleversements qui ont été jusqu'à modifier les relations dans le travail. Ce que Jean-François Variot, président du groupe de communication Image Force et spécialiste du Web, appelle « *la rupture de relation* »[1] entre l'entreprise et ses « *nouveaux collaborateurs* ». Pour

---

1. Jean-François Variot, *La marque post publicitaire*, Village Mondial, 2001.

faire une synthèse, on peut estimer qu'en offrant aux salariés un média libérant l'accès à l'information et à la parole, ceux-ci ont imaginé, aussi, un autre rapport au pouvoir : « *Les salariés consomment maintenant les entreprises comme les marques, avec un objectif précis : intégrer séquentiellement ces marques dans le déroulement de leur* curriculum vitæ *(…). Ils consomment l'intérêt des projets auxquels ils s'associent momentanément, ils consomment le niveau hiérarchique et de salaire dont ils jouissent, ils consomment les compétences que l'entreprise leur permet d'acquérir, ils consomment la marque de l'entreprise.* »

« *Avec intranet*, poursuit J.-F. Variot, *vous entrez dans la logique d'échange direct, une logique qui contraste avec les méthodes* top-down *que représentent les lettres internes et les mémos que les directions générales et les différentes couches de management produisent quotidiennement. Avec la logique de l'intranet poussée à son aboutissement, les directions se comportent comme une marque vis-à-vis de leurs publics internes qui, de leur côté, se comportent comme des clients consommant un service qui doit être valorisé. Le net accentue l'attitude de consommation des employés vis-à-vis de la marque entreprise. Cette consommation est toutefois tout à fait particulière. Elle est tout à la fois consommation et coproduction. L'intranet doit s'envisager et se définir comme une invitation à participer à sa construction et ainsi à coproduire l'entreprise elle-même.* » De fait, intranet a poussé toutes les entreprises et tous les communicants à repenser non seulement la communication interne, mais également les relations entre l'information et les salariés, ainsi que l'ensemble des flux circulant entre détenteurs de l'information et « consommateurs ».

Du côté de l'organisation, des pans entiers de l'entreprise ont été redessinés : processus achats, formalités RH et obligations sociales, partage des données commerciales, *process* de la chaîne logistique. L'organisation du travail est également impactée : travail collaboratif, management d'équipes, projets virtuels, etc. Sans oublier la naissance d'une multitude de micro-communautés spécifiques qui modifient également les relations dans l'entreprise : les informaticiens, les communicants, les commerciaux, les personnels des RH.

La mise à disposition de contenus multiples, pour tous, a bouleversé la plupart des frontières. Pour le meilleur, rapidité, transparence, autonomie… et parfois le pire, comme ces formulaires en ligne qui interdisent désormais la saisie de certains frais de déplacement non reconnus par l'interface du système, sans aucun recours, ni surtout aucun dialogue. George Orwell n'est pas loin.

« *Les rapports entre la communication interne et les technologies de l'information tiennent du paradoxe obsessionnel* », estime pour sa part Claire Leblanc, consultante en communication. « *Les apports sont contradictoires et les contradictions indissociables des contributions des NTIC à l'évolution de la communication interne.* » CQFD. Instruments de communication, on reproche aux NTIC d'isoler les utilisateurs et de les enfermer dans une « incommunication ». Espace de libre expression, la plupart des intranets meurent d'un manque de participation des contributeurs, donc de contenu. Enfin, les technologies sont de plus en plus sophistiquées (2.0, vidéos interactives, mondes virtuels), alors que la plupart des parcs bureautiques des entreprises sont antédiluviens. D'où une véritable « fracture » numérique dans l'entreprise ; d'abord entre ceux qui y ont accès et les autres ; ensuite entre ceux qui ont la bonne configuration informatique et les autres ; enfin, entre les « surfeurs » éduqués de la toile, déjà acquis aux mondes numériques, et les exclus du système qui n'y voient qu'un gadget managérial supplémentaire.

Mais au-delà du média et de ses contradictions, intranet a profondément modifié la perception et les relations entre les salariés et l'entreprise.

La vieille information est morte

Intranet a révolutionné les relations que communicants et salariés avaient traditionnellement avec la notion d'« information ». Trois modifications essentielles ont bouleversé les anciennes règles : une révolution des modes de lecture, une modification des rapports à l'information et une évolution des besoins d'expression.

Une révolution des modes de lecture

Un constat : sur la toile, le « zapping » est la règle. C'est inévitable, posté devant un écran, une souris en main, tout individu devient un « zappeur ». Il s'agit de comprendre un lecteur aux comportements non seulement nouveaux mais surtout irrationnels (« cliquant » ça et là, sautant d'un texte à l'autre, d'un bloc d'informations à un autre, sans logique apparente), donc passablement imprévisible. Le problème posé aux communicants est alors simple : alors que des spécialistes de tout bord ont mis des dizaines d'années à étudier, analyser, comprendre et décoder le cheminement de lecture d'un individu consultant un dossier, un magazine ou un journal (nature des typographies, taille des caractères, largeur des colonnes, longueur optimale des textes, emplacement des légendes, mise en scène des images, lecture de la dernière à la première page ou l'inverse…), donc à apprivoiser le lecteur, le « zapping » remet tous les compteurs à zéro. L'internaute redevient un lecteur à l'état sauvage, libre, imprévisible et difficilement « domesticable ». Une bonne nouvelle pour les amateurs de nouveaux comportements et les pourfendeurs d'archaïsmes, mais un casse-tête pour les communicants.

Dans ces conditions, il est en effet difficile de s'assurer que le message a bien touché son public, que le « récepteur » a bien reçu « l'émetteur ». Alors qu'il « suffisait », par exemple, de mettre à la une du journal interne le sujet stratégique d'actualité pour supposer qu'il avait été au moins vu (à défaut de lu), rien n'est moins sur avec l'intranet, dont l'accès est à la fois multiple, complexe (éditorialement) et souvent personnalisable.

Deuxième mutation, l'hypertexte impose de repenser la valeur de l'information. Car ces liens permettant de lier des contenus construisent un système d'informations non plus en deux dimensions (le haut, le bas, la gauche, la droite, le début ou la fin d'un document), mais en trois dimensions, avec une notion de profondeur. Dès lors se pose (au moins) une question complexe : quelle est la valeur d'une information d'une couche n par rapport à celle d'une couche n-1 ou n-2 ? Moins importante ? Plus importante ? Complémentaire ou concurrente ? Accessoire ou essentielle ? Et pour quel public ? Qui, d'ailleurs, sur Internet, n'a jamais ressenti une immense lassitude en parvenant, après un parcours ennuyeux de liens en liens, à un contenu hors du sujet attendu ? Il en va de même sur intranet, sauf que sa dimension stratégique et son implication dans la communication interne imposent une organisation fine du média. Une tâche nouvelle pour les services de communication : celle de structurer, en profondeur, l'information de l'entreprise.

Troisième mutation, les modes de traitement journalistique de l'information se transforment. Alors que l'on recense traditionnellement, dans les écoles de journalisme, environ 27 genres de traitements de l'information (par exemples la brève, l'interview, le reportage, le portrait, etc.), répartis en 5 grandes familles (les informations brutes, les opinions, les récits et études ainsi que les commentaires), les contraintes et spécificités du média électronique forcent à repenser les modalités de traitement. Intranet en supprime certains, trop « littéraires » comme le portrait « académique » ou encore le reportage « narratif », inadaptés au média qui appelle des textes courts mais génère aussi une multitude de nouveaux modes de traitements, de l'écriture « collaborative » à plusieurs mains (du type de l'encyclopédie en ligne Wikipédia) à l'interview interactive, sans oublier désormais la vidéo en ligne sur le modèle des phénomènes du Youtube ou Dailymotion (qui touchent désormais les médias d'entreprise).

Une modification des rapports à l'information

Plus encore que les modes de lecture, Internet et intranet ont modifié les rapports des salariés et de l'encadrement vis-à-vis de l'information, avec deux bouleversements majeurs : l'accès aux médias et à la publication en réseaux (*via* les plates-formes collaboratives et les outils dits de « *content management* »), et la personnalisation des contenus qui offre une nouvelle dimension dans la relation direction générale-salariés.

En effet, avec les médias imprimés (de l'affiche au journal), le nombre de contributeurs et de rédacteurs était souvent limité, leur production essentiellement centralisée, et le tout, soumis à des circuits de relecture complexes. Avec intranet, la nécessaire rapidité de publication et la volumétrie requise (qui peut d'ailleurs s'apparenter à un puits sans fond) a fait éclater les anciens schémas d'organisation et de production de l'information. Les producteurs sont beaucoup plus nombreux (jusqu'à 500 identifiés dans certains grands groupes), décentralisés (notamment ceux en charge des intranets métiers ou filiales), et les circuits de validation plus courts, moins rigides.

Avantage, le média y gagne en rapidité, en richesse d'information, en variété de contenu. Mais la cohésion du discours de l'entreprise peut y perdre gros, parce que des contenus riches mais hétérogènes ne portent aucun sens précis, que les erreurs et approximations sont souvent nombreuses, que les contributeurs n'ont pas tous un talent identique (ni en matière de communication, ni, surtout, en matière de capacité de rédaction), et, enfin, que tous, dans une entreprise, ne partagent pas le même sens de l'importance et de l'urgence. Dans les premiers temps de l'intranet, cela provoqua des conflits parfois risibles. Ainsi, au lancement de son premier intranet, la caisse parisienne d'une grande banque coopérative eut la surprise de découvrir, sur sa page d'accueil, un bandeau défilant annonçant à la fois une probable grève des convoyeurs de fonds (information effectivement urgente) et le report de la « réunion sur les protocoles IP ». Comme quoi, tous les contributeurs ne partageaient pas la même notion de l'urgence.

« Avec intranet, on assiste à un déplacement des pôles de pouvoirs », explique Robert de Backer, rédacteur en chef des *Cahiers de la communication interne*. *« Le "petit chef" régnant par la contrainte et la confiscation de l'information est débordé. Petit à petit s'instaure le règne du talent et de la maîtrise de la connaissance. Autonomie et réseau cohabitent. Encore faut-il veiller à ne pas remplacer ces "petits chefs" tant*

redoutés parce que "bloquants" et souvent ignares par des pirates d'un nouveau genre, maîtrisant suffisamment les techniques pour bloquer l'accès aux bases de connaissance à leur profit. »[1]

Une évolution des besoins d'expression

Tout nouveau média génère de nouveaux comportements, donc de nouveaux besoins. L'intranet et l'usage du mail n'ont pas échappé à la règle. E-mail, forums, et, plus récemment, blogs d'entreprise, ont ouvert des champs d'expression infinis et offert un nouveau territoire de liberté pour les salariés. Sous surveillance certes, mais une véritable liberté d'expression et parfois d'interpellation. « *Le journalisme citoyen s'est épanoui tel le chiendent sur un Internet de plus en plus utilisé, nourri par une blogosphère bavarde* », notait *Libération*[2] dans un article consacré à l'explosion des blogs. Et le quotidien de poursuivre par une réflexion d'Hervé Brusini, directeur délégué à l'information de France 3 : « *C'est un signe de la crise du journalisme et en même temps son triomphe : tout le monde est journaliste.* » Un phénomène que l'on retrouve, avec néanmoins moins de vigueur, dans l'entreprise.

Avec les nouveaux médias, chaque salarié est devenu un contributeur et chaque contributeur un communicant. Pour le meilleur, et parfois le pire.

---

1. *Les Cahiers de la communication interne*, n° 8, février 2001.
2. « La presse défiée par les amateurs », *Libération*, 23 mars 2007.

Tableau 5 : Une transformation
des traitements journalistiques

Nature	Traitements de l'écrit	Traitements électroniques
Informations brutes	Filets/Brèves/Échos	Filets/Brèves/Échos *Flash défilant*
Opinion	Édito/Chronique/Tribune/ Interview/Débats/Table-Ronde	Édito/Chronique/Tribune/ Interview/ *Forum/Chat/Mail*
Récits/Études	Reportage/Enquête/Portrait Comptes rendus	Comptes rendus *Vidéo web/Podcast*
@ Traiter		*Rapports & procédures* *Fonds documentaires* *Services/personnalisation*

Des fonctions complémentaires attribuées aux médias

Dès sa généralisation, l'intranet a trouvé, aux yeux de ses usagers, des vertus et des fonctions propres. Ainsi, une enquête de lectorat réalisée en mars 2000 par le cabinet Gestion & Motivation auprès de trois segments d'internautes (jeunes diplômés, quadra cadres d'entreprise et seniors en activité) prouvait que les utilisateurs attribuaient spontanément des missions spécifiques à chacun des médias d'entreprise : « *Les internautes aguerris sont capables de faire le distinguo entre lecture plaisir et lecture utile,* notait l'étude. *On peut même dire que plus le web agite l'internaute, plus on attend de la lecture magazine, sérénité et plaisir.* »

À l'intranet donc la découverte et la lecture « utile ». Les salariés recherchent avant tout la satisfaction rapide d'un besoin d'informations « chaudes » du type chiffre d'affaires de l'entreprise, dernières notes de service, éléments du bilan social, présentations commerciales… Mais c'est également le lieu d'un parcours découverte. En fait, pour certains salariés, intranet anime et alimente une curiosité par « capillarité », une information en appelant une autre, et ainsi de suite. Fonction que tenaient auparavant les dictionnaires.

Aux médias papiers la lecture plaisir et la proximité. Avec un constat inattendu : plus le salarié est usager des médias en ligne, plus il attend du magazine de l'entreprise recul, réflexion, calme et sérénité. Le magazine est spontanément positionné par ses lecteurs comme un complément de l'information « zappée » sur la toile, et non l'inverse (même si, évidemment, on trouve désormais fréquemment dans les journaux des renvois en ligne). En fait, le lecteur a perçu naturellement ce qu'il pouvait attendre de la complémentarité des médias, à savoir rapidité, exhaustivité, interactivité sur intranet, maturité, réflexion et approfondissement des connaissances sur le papier.

D'autant que les salariés ont également développé des relations particulières avec les deux types de médias. Ainsi, une autre enquête de lectorat réalisée auprès d'une centaine de salariés d'un groupe international dans six pays (France, Italie, Grande-Bretagne, Espagne, États-Unis, Japon) montrait une perception des différents outils particulièrement pertinente.

Les salariés décrivaient l'intranet comme un média exigeant une démarche « active » vers l'information. C'est en effet à l'internaute d'initialiser la démarche de se connecter (même lorsque l'accès à l'intranet est paramétré « par défaut » à l'ouverture de l'ordinateur, ce que chaque grande entreprise a aujourd'hui mis en place) ; c'est aussi à lui d'identifier l'information « qu'il lui faut ». La posture relationnelle du salarié est alors celle d'un consommateur (un peu comme avec la télévision avec laquelle on partage un rapport à l'écran quasi identique) ; il est donc exigeant, impatient, et parfois intolérant.

À l'inverse, le journal interne était perçu comme le média spécifique d'une démarche passive (il était, dans ce cas précis, distribué soit dans les bureaux nominativement, soit à domicile en fonction des filiales), et interprété comme un symbole initiatique. La réception d'un journal interne, signifiant au lecteur son appartenance à une communauté (parfois à une « tribu »), était aussi vécue comme une marque de reconnaissance (« si je le reçois, c'est que j'existe », sous-entendu aux yeux de la hiérarchie, du service de communication, bref, de l'entreprise), voire un rituel initiatique pour les nouveaux embauchés. Recevoir le journal interne semblait faire partie de la panoplie type du salarié. De plus, les journaux internes étaient perçus comme porteurs de sens, notamment par la présence de la parole de la direction, écrite « noir sur blanc » (*via* l'éditorial, les interviews ou les tribunes), avec un étonnant sous-entendu : « ce qui est écrit dans le journal est forcément vrai ». Une sagesse indiscutable lorsqu'on connaît l'efficacité des circuits de relecture des journaux internes. Porteurs de langue de bois, peut-être, les journaux d'entreprise sont, en revanche, exempts d'erreurs ou de mensonges. Et les lecteurs le savent. Conséquence, dans seulement 13 % des entreprises, le développement de l'intranet a conduit à une modification des parutions. Dans 64 % des cas, elles ont suivi une logique de complémentarité entre presse écrite et intranet. Les salariés sont également dans une logique de complémentarité : 36 % d'entre eux sont restés des lecteurs « exclusifs » des éditions papier, et 40 % déclarent lire indifféremment et/ou concomitamment sur écran et papier.

En fait, l'étude concluait que l'intranet offrait plusieurs typologies de consultation et de lecture, organisables en quatre grandes catégories :

- *Le zapping* : un mode de consultation qui consiste à parcourir le site intranet en « crabe » par le biais des renvois hypertextes. C'est un parcours de découverte, un feuilletage. C'est souvent le mode de découverte et d'apprentissage des médias interactifs par les publics néophytes ou lors du lancement d'un nouveau site.

▷ *Le rendez-vous* : la notion de rendez-vous renvoie à des types de consultations récurrentes. La périodicité d'un e-magazine, l'événement, le lancement d'un produit sont autant d'occasions de rendez-vous. Celui-ci peut être fixe, dans le cadre du site lui-même, ou renvoyer à des complémentarités inter-médias (presse *corporate*/intranet, convention, salon/extranet, conférence de presse/Internet).

▷ *La référence documentaire* : la nature du média et le faible coût de stockage permettent de mettre en ligne des « masses » d'informations importantes. L'exhaustivité d'une base d'informations et la qualité de l'information autorisent à faire d'un site intranet ou d'un portail une référence en matière documentaire et de bases de données.

▷ *Le service exclusif* : les technologies de l'Internet permettent de délivrer des services à valeur ajoutée : annuaires interactifs, réservation de voyages en ligne, information sur l'état des routes ou sur la météo, téléchargement de données, etc. Ce que les Américains ont aujourd'hui développé à l'extrême avec, par exemple, des services de crèches d'entreprise en ligne.

Une vraie fracture numérique

Reste que si le média intranet a généré de nouveaux comportements, il est également source d'une nouvelle et véritable « fracture ». C'est en tout cas ce que révélait l'enquête UJJEF-Ipsos de 2003 intitulée « Intranet et salariés : les clefs pour un outil efficace ». Deux fractures majeures y étaient pointées.

Fracture physique tout d'abord : 20 % des salariés des entreprises disposant d'un intranet n'y ont pas accès. Un constat évidemment plus fort dans les entreprises industrielles que les entreprises de services. Intranet est, encore et avant tout, un outil de « cols blancs ». Rares sont les usines qui disposent de bornes intranet, et le nombre de connexions de celles qui en disposent est faible.

D'autant que souvent, ces bornes ne sont que de simples PC, parfois enfermés dans le bureau du contremaître ou du responsable administratif. Pratique comme dispositif de communication interne ! Un autre frein est celui de la vétusté (ou de l'hétérogénéité) du parc informatique. Certains PC gèrent difficilement les images, d'autres ont des débits insuffisants, d'autres n'ont pas de cartes son alors que les interviews radio se multiplient.

Ainsi, en 2004, une banque française pensait utiliser son superbe et tout nouveau réseau intranet pour annoncer le lancement de son premier magazine interne international. Tablant sur la sacro-sainte complémentarité des médias, trois vagues de « *teasings* », *via* les mails, étaient prévues, intégrant des liens intranet qui permettaient de découvrir, en avant première, une animation du contenu. L'interactivité devait même permettre de faire remonter des suggestions et des avis avant l'envoi du premier numéro ! Une opération finement pensée qui n'aboutira jamais, et cela pour deux raisons : logistique, car le service de communication du groupe s'aperçut d'abord que personne, de la DRH à la DSI, ne disposait de listes d'e-mails du personnel ; technique, car plus de la moitié du parc informatique, notamment celui de certains pays de l'Est, ne pouvaient pas recevoir ce type de messages.

Plus grave, la seconde fracture est, elle, culturelle. Ainsi, l'enquête UJJEF-Ipsos soulignait que 27 % des salariés ne savaient même pas s'il existait un intranet dans leur entreprise. Et l'étude précisait : « *pour ceux qui disposent d'un accès à un intranet, le fait de ne pas avoir une bonne idée de son contenu est l'un des principaux freins à l'utilisation* ». Ainsi, 20 % l'utilisaient entre une fois par semaine et une fois par trimestre, contre 55 % qui l'utilisaient une fois par jour ou « presque ». « *Pour plus de la moitié des salariés, c'est devenu un outil de travail quotidien* », poursuivait l'étude, « *alors qu'un quart ne l'utilisent jamais ou très rarement* » : des fréquences de consultation extrêmement hétérogènes. « *Utilisateurs et non-utilisateurs du Web ne pas sont égaux devant l'intranet* », affirmait Ipsos. « *La culture web est un moteur important de l'usage de l'intranet, et il existe une forte corrélation entre l'utilisation du web et de l'intranet : parmi les utilisateurs du web, 87 % utilisent leur intranet au moins une fois par trimestre, alors que pour les non-utilisateurs du web, ce chiffre tombe à 51 %. »*

Sur les usages et les fonctions attendus d'un intranet, l'étude révélait également quelques surprises : les rubriques les plus utilisées sont, en premier, l'annuaire, puis les fonctions documentaires (fiches-produits, bases de données, catalogues commerciaux, etc.), la communication interne (actualité de l'entreprise, revue de presse), puis les fonctions de travail collaboratif (agendas partagés, réservation de salles de réunion…), les informations d'ordre pratique (météo, trafic routier, etc.), ainsi que les informations syndicales *« qui arrivent en très bonne position, 10ᵉ rubrique la plus consultée ».*

Paradoxe, poursuit l'étude, les rubriques les plus souvent présentes dans les intranets ne sont pas nécessairement les plus utilisées : *« Ainsi, les formalités liées au service du personnel (demande de congés, RTT, paye, suivi du temps de travail, note de frais…) n'arrivent qu'au 19ᵉ rang des rubriques proposées, alors qu'elles sont au 3ᵉ rang des rubriques les plus utilisées lorsqu'elles sont disponibles. »* Idem pour l'actualité de l'entreprise : en tête des rubriques les plus consultées dans les entreprises françaises, l'actualité n'est qu'en 4ᵉ position, et surtout, à la 12ᵉ place des rubriques estimées les « plus satisfaisantes ».

Enfin, dernier paradoxe, *« les rubriques les plus utilisées ne sont pas nécessairement celles qui satisfont le plus ».* Ainsi, ce sont les rubriques type météo (c'est-à-dire des recherches d'ordre privé) qui arrivent en tête des souhaits de consultation, suivies de l'annuaire et des fonctions de téléchargement.

Au total, concluait l'enquête, *« les utilisateurs reconnaissent que l'intranet leur offre un vrai gain de temps ainsi qu'une valorisation certaine de l'entreprise (…) Dans 25 % des cas, où l'intranet est aussi accessible du domicile des salariés, il est perçu comme permettant une plus grande flexibilité ».*

En définitive, avec intranet, le salarié-lecteur reprend le pouvoir. Mode de consultation, usage du média, personnalisation des contenus, relation avec les services de l'entreprise… l'intranaute devient un acteur aussi créatif qu'imprévisible. D'où une triple nécessité : soigner plus que jamais la lisibilité et l'attractivité de l'information, penser stimulation et motivation, et repenser le système éditorial de l'entreprise (revoir les flux d'informations, de l'identification d'une information à sa production, les modes de traitement éditoriaux, et surtout l'usage des nouveaux médias, blogs et communautés virtuelles devenant de nouveaux champs d'expression dans l'entreprise). C'est, en fait, l'ensemble des pratiques qui demande à être repensé.

Les « plus » du média offrent, en revanche, pour les services de communication, des avantages inestimables : enquête de lectorat automatique en ligne, sondages en temps réel et constitution de sommaires interactifs, sans oublier l'analyse immédiate des pages lues et non lues (intranet offre un pas décisif vers une vraie connaissance du lecteur et une relation interactive avec les salariés).

De l'information au partage des savoirs

Cette connaissance des publics est d'autant plus importante que l'intranet entre dans une nouvelle ère : celle de ce que les Anglo-Saxons appellent le « *knowledge management* », et celle du partage des savoirs de l'entreprise. D'outil d'information et de communication, l'intranet va muter vers un système de mutualisation des connaissances et d'aide à la décision. Une sorte d' « université » en ligne, permanente et évolutive.

C'est déjà le cas dans certaines grandes banques, où la personnalisation des contenus permet aux commerciaux d'avoir un véritable système d'aide à la négociation lorsqu'ils reçoivent des clients. Ou encore dans l'automobile. Chez Audi France, par exemple, l'extranet partagé entre le réseau de concessionnaires et le siège est à la fois un outil d'information et de veille sur la concurrence, une aide en ligne à la vente de véhicules, un gestionnaire de procédures (immatriculations, législations, etc.), et un outil de communication commerciale.

D'autres constructeurs étudient également la transformation de leur extranet comme outil d'appui au diagnostic électronique des véhicules. Le « mécano » version 2010 n'aura qu'à brancher ses capteurs sur l'ordinateur de bord du véhicule en révision (cela existe déjà) et consultera, directement sur intranet, le diagnostic complet des éventuels problèmes. Le système pourra alors délivrer en direct les procédures de réparation, commander, s'il le faut, la pièce nécessaire, ou consulter le centre technique spécifique de la marque. La communication interne devient alors « enseignement » interne.

Et ce n'est qu'un début. Les véritables applications des intranets du futur sont encore dans les laboratoires d'études, comme au MédiaLab du MIT (*Massachusetts Institut of Technology*).

D'autant que l'on constate une migration, somme toute logique, des techniques les plus innovantes d'Internet vers intranet. La convergence des techniques et donc, à terme, des usages, va réduire les différences de comportements (et donc les attentes) entre salariés et consommateurs, de la même manière que l'on peut déjà souligner l'évolution de certaines stratégies en ligne vers une approche commune de l'Internet et de l'intranet, confidentialité des données mise à part.

Soigner la complémentarité des médias

La complémentarité entre ce qu'on appelle désormais le « *print* » et le « web » est donc une nécessité, tant pour des questions de sens que pour satisfaire les attentes, légitimes, des salariés. Retrouver, en ligne, des compléments d'informations publiées dans un journal interne ou, à l'inverse, approfondir, *via* un magazine, l'analyse d'une décision stratégique, est devenu une évidence, voire une banalité.

Figure 20 : Les grandes fonctions actuelles de l'intranet

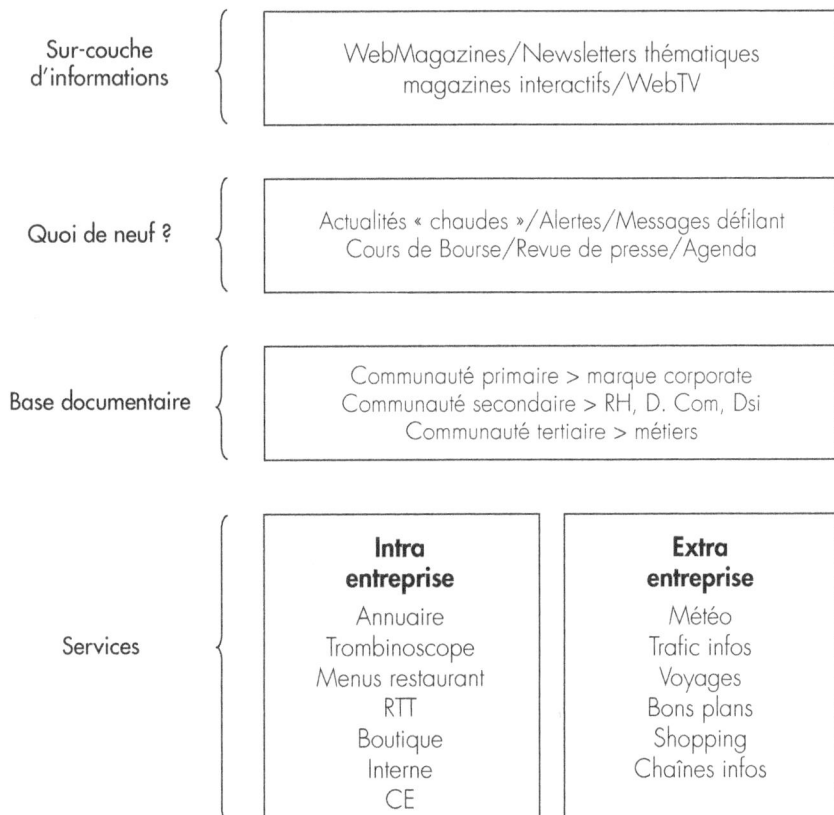

Sur-couche d'informations	WebMagazines/Newsletters thématiques magazines interactifs/WebTV
Quoi de neuf ?	Actualités « chaudes »/Alertes/Messages défilant Cours de Bourse/Revue de presse/Agenda
Base documentaire	Communauté primaire > marque corporate Communauté secondaire > RH, D. Com, Dsi Communauté tertiaire > métiers

	Intra entreprise	**Extra entreprise**
Services	Annuaire Trombinoscope Menus restaurant RTT Boutique Interne CE	Météo Trafic infos Voyages Bons plans Shopping Chaînes infos

Reste à arbitrer entre modes de traitement, rythmes de publication et valeurs d'usage de l'information. Car pour que l'offre d'information et de service rencontre une audience, il faut qu'elle satisfasse l'équation de la valeur d'usage.

Un principe général : la valeur d'usage

Le média intranet, comme tout autre média interactif, peut être analysé à travers la problématique de la valeur d'usage. Le principe est simple : la valeur d'usage d'une information est fonction d'une équation mariant le bénéfice perçu par le lecteur (exclusivité de l'information, caractère inédit, étonnant, et/ou personnel de celle-ci…) et l'effort que ce même lecteur doit fournir pour trouver cette information (accessibilité, lisibilité, compréhension…). En conséquence, plus le bénéfice perçu est important (une information totalement confidentielle ou tout à fait personnelle comme « on parle de moi »), plus le lecteur sera prêt à fournir de nombreux efforts pour accéder à l'information, quitte à fouiller des heures dans un fatras de feuillets. À l'inverse, un bénéfice perçu comme faible réduira à néant la valeur d'usage d'une information difficile d'accès.

Cette notion est importante en communication interne, car elle implique de se poser deux questions essentielles : quelle est l'information dont j'attends la plus forte valeur d'usage ? Quel bénéfice peut être perçu par mon lecteur ?

Dans le doute, on retiendra la règle suivante : plus l'information est stratégique pour l'entreprise, plus son accessibilité doit être marquée, de façon à réduire la notion de bénéfice perçu.

Cette équation, valable pour tout type de média, se complexifie quelque peu en matière d'information numérique car il faut également analyser les contraintes propres du média : l'apprentissage de l'interface, la compréhension de l'arborescence, les spécificités techniques (animations « flash », vidéos de différents formats, nécessité de certains « *plugs-in* », etc.). Dans le doute, on pourra appliquer, sans grand risque, la règle précédente. Pour une information jugée capitale pour l'entreprise, il s'agira de maximiser la valeur d'usage en réduisant l'effort consenti. Sur un intranet, l'application est simple : les messages les plus stratégiques doivent figurer sur la « *home-page* ».

C'est donc également cette règle qui va permettre d'arbitrer sur la profondeur d'une information dans une arborescence, l'effort consenti pouvant être simplement le nombre de clics nécessaires pour atteindre la bonne « couche ».

Figure 21 : L'équation de la valeur d'usage d'une information

$$\text{Valeur d'usage} = \frac{\text{Bénéfice perçu}}{\text{Effort consenti}}$$

Bénéfices perçus :
- information exclusive
- information inédite
- information interactive

Effort consenti :
- temps de connexion
- apprentissage de l'interface
- contraintes du média et des technologies

Quelles « plus-values » éditoriales ?

La transition écrit-écran peut s'appuyer sur quatre règles simples, répondant chacune à quatre questions de base : quelle plus-value éditoriale un média offre-t-il au lecteur par rapport à l'autre ? Quelle est la pertinence de la durée de mise à disposition d'une information ? Quel type de traitement journalistique est le plus approprié ? Quelle posture souhaite-t-on avec le lecteur ?

Plusieurs types de valeurs ajoutées sont possibles.

La plus-value de contenus

Il s'agit de mettre en ligne des éléments d'approfondissement d'une information publiée sur le papier. Par exemple, la version longue d'un texte ou une interview intégrale (il n'est pas rare qu'une interview bien menée mérite une restitution d'une dizaine de feuillets, alors que seuls trois ou quatre pourront êtres publiés dans le magazine), ou encore l'intégralité d'un texte de loi seulement cité dans un article, ou les principaux résultats d'une enquête dont on n'a extrait que quelques chiffres.

La complémentarité peut également être d'ordre documentaire. Par exemple, donner toutes les sources des articles ou les différents rapports qui ont permis de construire le dossier. Il peut s'agir aussi de compléments pratiques (chiffres-clefs, biographies, notes de lecture, infographies, dessins techniques, etc.).

Enfin, la plus-value de contenus peut prendre directement la forme de services, comme par exemple des documents à télécharger, le renvoi direct à un annuaire, un glossaire (technique ou documentaire), ou encore des liens vers des contenus extra-entreprise.

La plus-value de rythmes

Autre richesse de la complémentarité, pouvoir jouer sur la variété des rythmes de publication : hebdomadaire, mensuel, ou, plus fréquemment, trimestriel pour les journaux et magazines papier ; hebdomadaire, quotidien ou pluri-quotidien pour l'actualisation des médias en ligne. De quoi retrouver une légitimité intacte pour des magazines dont la plus grande faiblesse était, souvent, de toujours paraître en retard.

Quelle DLC (date limite de consultation) ?

La complémentarité des médias permet aussi de mettre un terme définitif à la poursuite de l'actualité. Dans ce domaine, la règle est simple : au net l'information rapide, chaude, immédiate, au papier le recul, l'analyse, le temps de la réflexion. Avec une nouvelle notion à prendre en compte : la « DLC d'une information », c'est-à-dire la date limite de consultation, au-delà de laquelle une information ne paraît plus pertinente.

La question essentielle à se poser est alors la suivante : combien de temps une information conserve-t-elle de la valeur pour le lecteur ? Un jour ? Une semaine ? Un mois ? Un semestre ? Une année ? Tout est question de crédibilité. Ainsi, on peut penser que les chiffres du bilan social ont une DLC proche de l'année, qu'une réorientation stratégique « vaut » un semestre, que le portrait d'un nouveau collaborateur gardera sa « fraîcheur » au mieux un mois. Chaque information peut ainsi être analysée et trouve, naturellement, sa voix de publication : DLC courte sur l'intranet, DLC longue sur papier et son corollaire, l'archivage en ligne.

Quels types de traitement journalistique ?

On l'a vu, les deux médias ont, spontanément, des univers de traitement journalistique spécifiques : le reportage demeure l'apanage de l'écrit, la « brève » est, par excellence, la forme du Net. En fonction du choix du traitement journalistique idéal (récits-études, opinion, infos brutes ou interactivité), on privilégiera tel média ou tel autre.

Quelle posture relationnelle avec le lecteur ?

Enfin, le dernier arbitrage consiste à choisir la posture relationnelle avec son lecteur, à savoir : information ou conviction ? Communication ou pédagogie ? Faits ou opinions ? Plus il s'agira de privilégier l'information, plus le Net sera pertinent. À l'inverse, la communication papier demeure l'apanage de la conviction, de la pédagogie ou des opinions.

Migration d'un magazine papier sur le Net : trois partis pris

Quelques principes de base

- Ne pas reproduire à l'identique les deux supports afin qu'ils conservent une spécificité, tout en reprenant l'univers stylistique et graphique de l'édition papier.
- Soigner la valeur ajoutée éditoriale de l'édition en ligne en approfondissant les données, en renvoyant à de nouvelles sources d'information et en redécoupant l'information.
- Intégrer le magazine dans l'univers intranet en profitant des sources d'information existantes, par exemple en tissant de nombreux liens avec les contenus existants.

Rehiérarchiser l'information en fonction des codes de lecture propres au Web, c'est se poser trois questions :

- L'adéquation éditoriale : fréquence/mode de traitement ?

▶ La hiérarchisation de compléments d'information des sujets en fonction de la structure tridimensionnelle du Web, du général au particulier :
  – 1er niveau d'arborescence : sujets leaders ;
  – 2e niveau : compléments d'information, exemples, encadrés techniques ;
  – 3e niveau : liens hypertexte avec compléments pratiques, chiffres-clefs, références documentaires, notes de lecture, biographies.
▶ La valeur ajoutée éditoriale en complétant les articles en ligne par des ajouts annexes, des liens hypertexte vers des sites Internet proposant des informations supplémentaires sur les sujets traités.

Figure 22 : Proposition de hiérarchie de l'information : organisation d'une home page web magazine

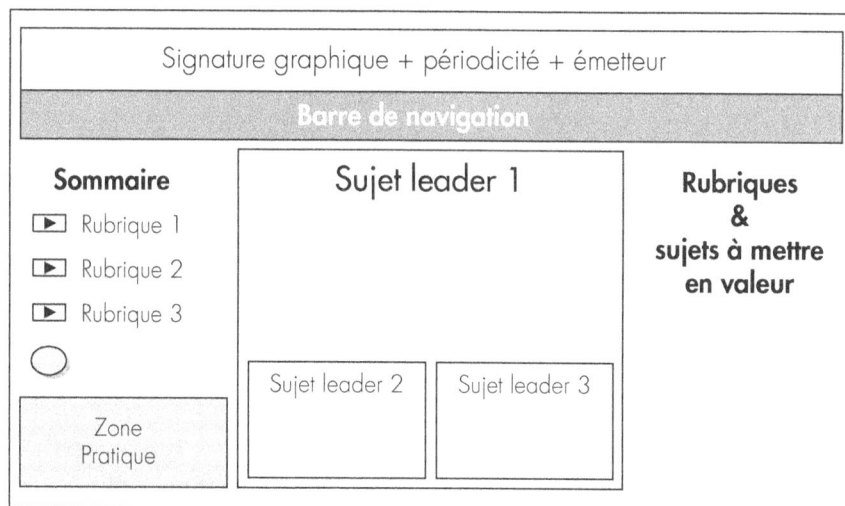

Une nécessité : soigner la lisibilité

Voici une comparaison lecture écran *versus* lecture papier. Soigner la lisibilité est un impératif pour optimiser l'usage du média par les salariés.

Quelques règles sont à suivre :

▶ La « page écran » est l'unité de calcul et remplace le feuillet.

▶ Le « feuilletage » est remplacé par la « souris » : le « hors texte » est déterminant. Les « hyperliens » entre deux contenus doivent faire l'objet d'une réelle stratégie éditoriale et ne sont pas créés au hasard.

▶ La largeur maximale des colonnes ne doit pas dépasser 300 pixels en résolution 600 × 800, ou 2/3 de la page utile.

▶ Le choix de la police est déterminant : il vaut mieux opter pour la plus simple possible et dite « sans sérif » (sans empattement), ainsi que pour des polices non grasses.

▶ Le corps 12 est un minimum.

▶ Écrire en minuscule et éviter l'italique.

▶ Limiter la taille des phrases (de l'ordre de 25 mots dans un document imprimé, moins de 15 pour l'écran). Une ancienne formule, dite de « Gunning », qui détermine les règles d'une bonne lisibilité est également applicable pour l'écriture écran, à savoir : L (lisibilité) = X+Y (0,40).

— X est la longueur moyenne de la phrase.

— Y est le pourcentage de mots de plus de trois syllabes.

Blogs, Vlogs, Mlogs ?

Reste que l'avenir de l'intranet passe (nécessairement ?) par les nouvelles technologies dites « collaboratives » et « participatives » : du blog au Vlog (vidéo mise en ligne par des contributeurs), en passant par les Mlogs (blogs *via* le téléphone mobile), les Wikis ou les *podcasts* audio-numériques. Pour Michel Cartier, professeur à l'Université de Québec et surtout un des « penseurs » de l'Internet, les « *vraies révolutions du web interviennent seulement aujourd'hui. (...). Et l'idée n'est pas tant de créer une "new" économie mais une "now" économie (...). Le secret d'Internet et de sa puissance, c'est sa capacité collaborative d'où naîtra toute valeur ajoutée* ».

De fait, les premiers médias collaboratifs internes ont fait leur apparition dans certaines entreprises : blogs, vidéos mise en ligne à l'issue d'un congrès ou d'une convention, les techniques dites « 2.0 » sont déjà là. Microsoft, en traditionnel porte-étendard des nouvelles technologies, compterait déjà plus de 1 500 blogs en interne.[1] Dassault Systèmes a développé, dès 2006, un outil de gestion de blog pour créer du lien entre ses treize équipes commerciales disséminées dans toute la France. « *Lorsque quelqu'un a une bonne idée ou qu'il réalise un projet intéressant, il suffit qu'il en parle sur son blog pour que les douze autres agences en aient connaissance* », souligne un responsable de l'entreprise[2]. Et Dassault Systèmes « *prévoit une augmentation des ventes, liée notamment à l'échange de bonnes pratiques. Un vendeur qui est à Lille a expliqué sur son blog comment il avait, dans une situation donnée, convaincu son client* ».

Pour Pierre Lombard, directeur associé du Benchmark Group et directeur de la rédaction du *Journal du Net*, cette évolution est même inévitable pour contourner les intranets devenus des sites « *officiels, lourds, peu réactifs, et pas vraiment dédiés aux salariés* ». « *Créer des pages sans effort, avec des outils qui rendraient l'alimentation du site aussi facile que l'envoi d'un e-mail, n'est qu'une affaire de technologie. Cette sorte de "publication web pour les nuls", c'est le blog, désarmant de simplicité.* »

Le principal frein est de trouver le bon équilibre entre la liberté d'usage du média et les contraintes de la com' interne ; entre l'expression décentralisée et la nécessaire recherche d'un sens commun ; entre les « fausses » informations et la « vraie » langue de bois. Un constat que Loïc Le Meur, spécialiste du Web et de la blogosphère, résume ainsi : « *L'entreprise, c'est souvent le lieu de la protection de l'information. Le blog, qui est tout le contraire, remet donc en cause la communication traditionnelle de l'entreprise.* » La solution :

---

1. « Heureux qui communique », revue *Dirigeant*, septembre 2006.
2. *La Tribune*, juin 2006.

jouer la transparence et simplement se fixer une charte d'utilisation. « *L'expérience montre que, si l'on interdit quelque chose à ses employés,* poursuit Loïc Le Meur, *ils le feront tout de même de façon confidentielle.* »[1]

Des entreprises ont déjà eu des déconvenues. Une PME hi-tech a ainsi eu la désagréable surprise de constater que ses blogs internes, destinés à favoriser l'échange de bonnes pratiques, avaient fini par accueillir des photos humoristiques de salariés dans des « *situations peu flatteuses ou équivoques avec des personnes du sexe opposé* »[2]. L'affaire, suivie par l'hebdomadaire de la communication *CB-News*, a d'ailleurs permis des premiers échanges juridiques peu banals et une ébauche de règles de bonne conduite. « *Que les salariés évoquent la stratégie de l'entreprise, les produits ou leurs collègues, leurs blogs peuvent susciter des remous, quand bien même leur diffusion se limiterait à l'intranet* », expliquait l'hebdomadaire. « *Les responsables de com' interne ont donc intérêt à poser dès le départ des limites claires à cet exercice.* » D'autant qu'en cas d'abus, de contenus insultants, dégradants ou portant atteinte à la vie privée d'un salarié, la responsabilité de l'auteur peut, évidemment, être engagée, mais également celle de l'entreprise et de ses dirigeants. « *La liberté d'expression des salariés qui bloguent est à géométrie on ne peut plus variable* », note un avocat spécialiste. « *L'obligation de réserve, de loyauté vis-à-vis de l'employeur, le respect du secret professionnel s'imposent de manière plus ou moins forte selon le métier.* »

Il est donc indispensable de fixer des grands principes qui éviteront les éventuels débordements. Ce type de charte peut définir les thématiques jugées confidentielles, les sujets proscrits, des règles de bonne conduite (pas d'attaque personnelle, pas de grossièreté, pas d'atteinte aux personnes…), ou encore des règles de publication

---

1. In *Le Journal du Net*.
2. « Salariés blogueurs : comment les gérer ? », *CB-News*, mai 2007.

(nature et type de documents, images, sons, etc.). La difficulté étant de trouver un équilibre entre liberté du métier et contrainte de la collectivité.

L'encyclopédie vivante de l'entreprise

Pour Pierre Lombard, trois grands types de fonctions semblent déjà se dessiner, notamment aux États-Unis : premièrement, le blog « *peut être utilisé comme un tableau de bord sophistiqué de l'entreprise, notamment par des usages d'outil de gestion du climat social* ». Sa fréquentation, son taux de renouvellement, le nombre de contributeurs et la nature des contributions sont de formidables indicateurs, en temps réel, de l'état d'esprit des salariés et de leurs sujets favoris. On peut même imaginer qu'un suivi sémiologique des contenus puisse servir de baromètre de climat social. Contenus déprimés ? Attention au découragement !

Deuxièmement, le blog est un « *facilitateur d'échanges pour des salariés travaillant sur un projet commun* ». Le fonctionnement en « groupe projet » est à la mode. Tous les manuels de management le plébiscitent. Reste que la mise en commun des informations est parfois difficile, surtout pour des salariés distants, et que, mal contrôlée, la gestion de projet se transforme rapidement en « réunionite ». Le blog pourrait être l'outil idéal de partage de l'information.

Enfin, c'est surtout un nouveau et remarquable outil de gestion des connaissances : « *Avec des fonctions de recherche puissantes, le blog peut devenir un véritable outil de gestion des connaissances dans l'entreprise* », explique Pierre Lombard. Certains consultants, comme Dave Pollard[1], estiment même que « *le blog pourrait servir à représenter l'environnement, l'organisation, et finalement le savoir-faire d'un collaborateur de l'entreprise : il peut décrire formellement sa méthode de*

---

1. Dave Pollard "Blogs in Business : the weblog as filing cabine"in *Le Journal du Net*.

travail (qui devient alors une procédure), peut inclure des liens vers ses documents de référence, vers des sources externes utilisées fréquemment, publier des listes de contacts utiles, etc. Ce savoir-faire, au lieu d'être enfoui dans le disque dur d'un PC, devient facilement accessible à des salariés autorisés. En généralisant le dispositif, on obtiendrait même un intranet où chacun serait responsable de la partie qui le concerne. »

De fait, les blogs d'entreprise sont déjà considérés comme des outils de gestion de projets. « Ils permettent d'améliorer la productivité en rationalisant les flux d'information, remplacent avantageusement les échanges d'e-mail envoyés à des destinataires multiples, libérant ainsi de l'espace sur les serveurs de l'entreprise et du temps pour tout le monde. D'autre part, poursuit le Journal du Net, en centralisant l'information en un seul et même "lieu" numérique, le blog permet aux salariés de conserver une trace de toutes les contributions, avec deux conséquences positives : sans perte d'informations, les mêmes recherches d'informations n'étant pas effectuées plusieurs fois ; deuxièmement, l'analyse du processus de création ou de résolution des problèmes contribue à l'émergence de meilleures pratiques et d'expertises spécifiques. » Raison pour laquelle les technologies du blog semblent particulièrement bien adaptées au développement du Knowledge management.

Mais il y a mieux encore que le blog : les technologies dites « Wiki ». En effet, l'inconvénient du blog réside dans son aspect séquentiel (une suite d'informations rangées chronologiquement), et cette « succession de petits paragraphes survolant chaque sujet et présentés de façon frustre ». Avec le Wiki, inspiré de la célèbre encyclopédie en ligne Wikipédia, les pages peuvent contenir tout type d'informations, et, surtout, peuvent êtres éditées et modifiées par n'importe quel contributeur. L'internaute peut également intervenir dans l'organisation des rubriques, construire des liens avec d'autres espaces de travail ou blogs, et proposer des flux d'informations. Mise en œuvre chez PSA Peugeot-Citroën depuis fin 2005, cette technologie permet par exemple d'animer un espace collaboratif sur les tendances automobiles ouvert à tous les salariés.

On imagine déjà la constitution de gigantesques « Wikizones » qui, agglomérées par thématiques ou par collectivités, pourraient constituer de formidables bases de connaissances mutualisées et actualisées.

Reste, comme le souligne Nicolas Six, analyste du *Journal du Net*, une question essentielle : « *Savoir si l'information est vraiment une donnée stratégique. Car le temps consacré par les salariés sur le Wiki* – de grandes entreprises américaines en sont déjà équipées – *est autant de temps qu'ils ne passent pas sur leurs tâches quotidiennes.* » Là encore, tout est affaire d'équilibre.

Si les technologies sont prometteuses, les pratiques sont encore problématiques. Et les directions de la communication n'ont pas fini de trancher des questions complexes. Au moins quatre défis s'offrent à elles :

- psychologique, en admettant de ne plus maîtriser forcément leurs supports et leurs réseaux d'informations ;
- technique, en apprenant à gérer la personnalisation de contenu éditorial et la mise en scène de « galaxies » de contenus ;
- stratégique, car que devient l'image de l'entreprise dans cet ensemble désordonné ?
- journalistique, en répondant à une double question : comment avoir une voix propre dans ce flot continu de contenus ? Et comment écrire et organiser ces contenus pour qu'ils soient vus et lus, alors que le lecteur est de plus en plus volatil et insaisissable ?

Des réflexions qui façonneront certainement les dix prochaines années de la communication interne.

AUDI FRANCE : QUAND LE GENTIL DAUPHIN DEVIENT MANGEUR DE SQUALE...

En 1996, alors qu'il s'apprête à renouveler ses gammes, le constructeur automobile allemand est sensiblement visible... dans le rétroviseur de ses deux concurrents historiques, Mercedes et BMW. Une étude de perception réalisée par la marque illustre d'ailleurs ce constat en images. Pour le grand public, alors que dans l'ombre portée de la célèbre BMW se profile un redoutable requin et que Mercedes est associée à une baleine, Audi apparaît timidement comme « le gentil dauphin » de la voiture allemande. Une rondeur que ne contredit pas la sympathique Audi A4 du moment.

À l'époque, Audi vend, sur le marché français, 25 000 véhicules par an, ce qui place le constructeur en queue du trio germanique. En faisant peau neuve, la direction du groupe se fixe l'ambitieux objectif de coiffer BMW au poteau en dix ans. « Impensable ! », ricanent les mauvaises langues de l'époque. Et les concurrents font de même. Pour parvenir à ses fins, Audi décide de spécialiser ses équipes et de prendre ainsi son indépendance. Pour accompagner la séparation de son réseau et de celui de Volkswagen (la maison-mère du groupe), la marque met tout d'abord en place un magazine avec la mission d'offrir à tous les métiers le même niveau d'information, et d'inculquer « l'esprit Audi ». Et le réseau tout entier passe à l'attaque.

En 2006, les résultats sont éloquents. Avec plus de 44 000 véhicules, Audi est, en France, en deuxième position devant l'aileron BMW. Le changement de vitesse opéré a porté ses fruits. Raisons du succès : une vraie révolution technologique, un design souvent époustouflant, une gamme attractive en plein essor, sans oublier sept victoires aux 24 h du Mans... avec, raffinement suprême, pour les deux dernières éditions, un moteur diesel !

Et Audi poursuit sur sa lancée. La marque envisage l'horizon 2015 plutôt rose avec plus de 60 000 véhicules par an en France, et 1,5 million dans le monde.

Un portail professionnel pour gagner en (aéro)dynamisme

Le renouveau de la marque s'est évidemment accompagné d'une refonte du réseau des concessionnaires ainsi que d'une formidable efficacité des équipes internes. En conséquence, le volume d'informations traitées s'est accru de façon exponentielle. La masse des contenus est devenue extrêmement dense et hétérogène, allant de la documentation technique aux « consignes » commerciales, en passant par une analyse complète et permanente de la concurrence. Il a donc fallu se fixer de nouvelles règles de conduite et revoir l'ensemble du dispositif de communication interne de la marque vers son réseau.

En 2004, la marque décide ainsi de mettre en place un dispositif éditorial. Ses objectifs : une information mutualisée, une optimisation selon les cibles, une association judicieuse de l'information et du marketing produit, une vulgarisation de la technologie Audi. En toute bonne intelligence, le média le plus approprié est désormais l'extranet avec un portail professionnel baptisé « Audipro ».

Parmi les attentes exprimées par le réseau Audi, on retient :

➤ *Le souhait d'obtenir des informations « business » et plus précisément des statistiques en quasi « temps réel », des données chiffrées, des comptes rendus d'opérations commerciales, etc.*

➤ *La volonté commune de partager une culture de la marque, notamment par la présentation d'événements, de données corporate, de campagnes TV et d'une revue de presse.*

➤ *Une demande d'accompagnement qui se concrétise par la mise en ligne de comparatifs de modèles, d'argumentaires de vente, d'outils de communication et d'analyses du marché et de la concurrence.*

➤ *Le suivi de l'évolution de la réglementation grâce à la mise à disposition des circulaires, des homologations, des standards ainsi que des garanties.*

Le nouveau portail répond à six prérogatives :

➤ *Être le principal outil de communication de Audi France vers son réseau.*

➤ *Devenir la première source d'informations du réseau.*

➤ *Véhiculer les grands axes stratégiques de la marque, notamment la sportivité, l'avant-gardisme et la sophistication.*

➤ *Constituer un écho efficace aux bonnes pratiques du réseau.*

➤ *Offrir l'alternative d'une communication transversale.*

➤ *Développer une communication 100 % électronique, laquelle participe pleinement à l'objectif « zéro papier » que s'est fixé la marque, notamment pour le réseau, traditionnellement fortement consommateur de documentation en tout genre.*

Désormais, le nouvel extranet du constructeur est intégralement orienté vers le réseau. Dans cette optique, Audipro offre une navigation à différents niveaux et s'inscrit dans un dispositif de portail. Il ne s'articule donc plus autour d'un menu unique, mais devient consultable via *plusieurs entrées, elles-mêmes divisées en sous-rubriques. L'accès est ainsi plus intuitif tout en proposant une arborescence moins complexe et plus pertinente. Ce mode de navigation original correspond au nouvel esprit Audi : sportif et sophistiqué.*

Ainsi, l'usager peut accéder aux informations dont il a besoin dans son quotidien professionnel :

➤ *par modèle, selon le véhicule : procédures internes, circulaires ;*

➤ *par application : support de simulation, accès aux commandes en ligne de catalogues, annuaire ;*

➤ *par outil :* « toolbox communication » *pour la communication locale,* « myBusiness » *(données sur les marchés, analyse de la concurrence) ;*

➤ *par contenu : la* home page *permet une gestion de l'actualité ;*

➤ *par un agenda dynamique : il s'agit là d'une première puisque depuis le* back-office, *c'est-à-dire le système d'administration du contenu, les contributeurs associent à une date d'événement (lancement produit, convention, site Internet…) tous les documents qui s'y réfèrent. Présent sur la page d'accueil, il permettra aux visiteurs d'accéder à toutes les informations. Il suffit de sélectionner la date en fonction de la nature de l'opération (commerce, marketing, service, événement), et les accès apparaissent automatiquement.*

Les extranautes disposent aussi d'une médiathèque qui leur permet d'accéder, quels que soient les produits et les événements, aux visuels ainsi qu'aux vidéos. Les téléchargements sont accessibles en fonction des droits à l'image.

Un dispositif éditorial inédit

Parallèlement à la refonte du portail Audipro, la marque s'attaque aux problématiques soulevées par les chefs de produit.

Consacrant sans cesse plus de temps au traitement de l'information et à sa diffusion, ces derniers voient en effet leur charge de travail augmenter proportionnellement au volume d'informations traitées, au développement des contenus mis à la disposition du réseau Audi, ainsi qu'à la création de nouvelles formes de documents.

Par ailleurs, le choix d'un nouvel axe stratégique Audi, la « sportivité », implique une nouvelle forme de communication. Désormais, cette communication doit être simultanément riche et innovante par sa forme, complexe et hyper technologique sur le fond.

Pour répondre à de tels enjeux, Audi décide la création d'une plate-forme éditoriale externalisée. En clair, il s'agit d'intégrer des collaborateurs Audi à une équipe d'intervenants éditoriaux en agence, avec pour objectif de développer une compétence égale à celle des chefs de produit. La solution offre deux avantages inéluctables : l'allégement immédiat de la charge de travail des chefs de produits ; l'optimisation et la centralisation du traitement de l'information en un seul point, par une seule équipe.

En 2005, le dispositif va plus loin en intégrant l'analyse marketing dans sa palette de prestations. Cette organisation inédite a un intérêt fort en matière de communication produit, commerciale et client, en offrant, notamment, une importante capacité d'anticipation sur les besoins en information. Pour diffuser ces informations, un web-master a intégré l'équipe composée à la fois d'experts du secteur auto et de spécialistes de la communication multi-supports. Ce creuset de compétence a aussi développé ses propres outils d'analyse et de suivi, avec notamment un concept de « matrice éditoriale ».

Résultat : gain de temps, meilleure réactivité et homogénéité des contenus, diffusés sur un extranet qui devient un véritable outil de partage des connaissances.

Par ailleurs, un système d'alerte Audi voit le jour en 2007 sous la forme d'une newsletter hebdomadaire. Rapidement, celui-ci fera appel aux technologies de flux RSS qui offrent des potentialités considérables en termes de recherche d'informations et de personnalisation.

Véhicules de pointe et outils de communication : l'équation high-tech

Le portail s'appuie également sur des techniques informatiques de pointe. En effet, des éventuelles migrations high-tech avec des blogs, des vidéos, des téléchargements et des podcasts *ont été initialement prévues, ce qui donne à Audipro une longueur d'avance sur nombre d'outils utilisés par la concurrence. L'équipe en charge du projet bénéficie d'un «* Content Management System *» (outil de gestion de contenus en ligne) évolué qui permet une mise en ligne des contenus vidéo et photos sans faire appel à une quelconque plate-forme technique. Même les menus peuvent êtres modifiés pour une parfaite adaptation au contenu. Enfin, à terme, chaque membre du réseau Audi aura la possibilité de choisir un profil (commerce, après-vente), puis de personnaliser son interface selon ses préférences et ses centres d'intérêt spécifiques.*

L'esprit du constructeur automobile se retrouve donc au cœur de son dispositif de communication interne : Audi est avant-gardiste et novateur sur la route, comme dans ses circuits d'information !

Annexes

ANNEXE 1 : Enquête d'opinion interne & audits de lectorat

Depuis que la communication interne existe, la même question taraude le communicant : comment en estimer l'efficacité ? Comment évaluer un dispositif ? Une question d'autant plus récurrente que tous en conviennent : « *L'évaluation, c'est un peu le parent pauvre de la discipline en comparaison de ce qui se fait dans les autres secteurs de la communication* », souligne le magazine *CB-News*[1]. « *De fait, les responsables de communication interne n'ont pas d'outils standards équivalents aux scores Ipsos dans la publicité produit ou au taux de transformation des pros du marketing professionnel. Ce qui pose la question du rendement de l'euro investi.* » Seule évolution, « *l'arrivée des intranets constitue une révolution puisqu'elle permet la mise en ligne rapide et à moindre frais des sondages internes* ». Pas si simple !

Choisir la bonne méthodologie

Première question essentielle, celle de la méthodologie. Les audits de communication interne ou de lectorat reposent sur deux *process* fondamentaux différents, à savoir le qualificatif et le quantitatif.

---

1. « Comment rendre la com' interne plus efficace ? », *CB-News*, avril 2005.

Le qualitatif, dit « Quali », dans le quotidien du métier

La méthodologie de « quali » est basée sur des entretiens individuels, parfois téléphoniques mais le plus souvent en face-à-face. Ces entretiens peuvent êtres longs, (de l'ordre de l'heure), de façon à sonder en profondeur l'interviewé. L'objectif est la recherche de sens, des motivations, des souhaits des salariés. Un audit qualitatif bien mené permet également de détecter des phantasmes collectifs, de déterminer des freins et points de blocage et d'en identifier la ou les source(s).

Une enquête qualitative peut comporter plusieurs étapes :

▷ *Une phase d'entretiens individuels* : de 12 à 50 entretiens personnels approfondis portant à la fois sur des questions fermées, de type « préférez-vous tel ou tel média ? », et des questions ouvertes de type « pour vous, la cohésion d'une équipe c'est… ? »

▷ *Une phase de focus groupe* : les entretiens qualitatifs peuvent êtres confirmés avec ce qu'on appelle un « focus groupe », c'est-à-dire un panel d'une quinzaine de personnes réunies autour d'un animateur qui réagit à des scénarios. Dialogues, gestuelles et expressions sont généralement enregistrés intégralement puis analysés. On retiendra les thématiques collectives exprimées, mais également les rejets spontanés, les déceptions. Cette phase permet principalement de tester en grandeur réelle des idées ou des concepts apparus lors des entretiens individuels. C'est également une excellente méthode pour tester le comportement d'un groupe face à un « outil » (par exemple un projet de journal interne) ou une ambition créative, comme des maquettes d'affiches, des couvertures de magazines ou encore une page d'accueil d'un intranet. Inconvénient du procédé, un « meneur » particulièrement charismatique ou volubile peut prendre l'ascendant sur l'ensemble du groupe et dicter ses perceptions personnelles. Dans ce cas, les résultats du focus sont inutilisables. Le choix du panel est donc déterminant. Il faudra veiller à un bon équilibre de personnalités des participants.

Le quantitatif ou « Quanti »

Il s'agit ici d'obtenir une appréciation ou une confirmation statistique grâce à l'interrogation d'un panel plutôt large (de 50 à
500 personnes !). Le questionnement, généralement par téléphone,
porte davantage sur des faits et des données existants. Il s'agit par
exemple d'apprécier un dispositif, un outil ou un événement : tester
un magazine interne, estimer les usages d'un intranet, apprécier une
convention annuelle. Le « quanti », interrogeant un panel nécessairement important et, si possible, représentatif de la population de
l'entreprise, permettra, entre autres, de déterminer des comportements par typologie de salariés (par exemple cadres/non-cadres), par
métiers (commerciaux/administratifs) ou par localisation géographique (Paris/province ou siège et unités de production).

Là aussi, deux phases méthodologie différentes sont envisageables :

- *Les entretiens téléphoniques* : plusieurs panels peuvent êtres interrogés. Les entretiens sont réalisés par des enquêteurs professionnels à partir d'une grille de questions à choix multiples auxquelles
  on peut adjoindre quelques questions ouvertes. Le dépouillement
  permet d'obtenir non pas des réponses extrêmement précises, car
  les résultats peuvent être contradictoires, mais des grands flux,
  analysables par catégories de répondants : Paris/province, jeunes/
  anciens, administratifs/productifs…

- *Les questionnaires auto-administrés* : il s'agit de l'envoi d'un ques-
  tionnaire (*via* les fiches de paye, le journal interne ou des formulaires en ligne) ; celui-ci est rempli directement par les salariés
  sondés, puis les résultats remontés sont dépouillés et analysés. C'est
  une méthode souvent employée (par son faible coût apparent),
  mais régulièrement décevante. Deux écueils sont récurrents dans
  les entreprises : le faible nombre de retours spontanés (de l'ordre de
  10 % dans les meilleurs cas, moins de 1 % dans le pire !), et la sur-
  représentation de certains caractères : les « râleurs » qui ne man-
  quent pas une occasion de se plaindre, les « placardisés » qui trouvent, enfin, l'occasion de s'exprimer, les « paranos » qui répondent

rapidement de peur d'être perçus comme indifférents aux préoccupations de l'entreprise, etc. Cela fausse, évidemment la véracité des réponses. Dans la plupart des cas, les résultats des enquêtes auto-administrées sont inexploitables. Ce qui n'empêche pas les entreprises d'en faire un usage régulier !

Forces et faiblesses des différentes méthodologies

Les différents procédés ont chacun leurs atouts et leurs faiblesses. C'est la raison pour laquelle les instituts de sondage préconisent généralement un « panachage » des phases. Voici, résumés, points forts et points faibles des principaux modes d'interrogation.

Tableau 6 : Forces et faiblesses

		Forces	Faiblesses
Quali	Entretien individuel	▶ Parfait décodage des attentes et des freins ▶ Richesse des informations à la requête initiale ▶ Analyse des non-dits et des incohérences	▶ Demande une extrapolation des tendances (sans certitude statistique) ▶ **Attention** au panel !
	Focus groupe	▶ Confirmation des comportements par le collectif ▶ Bon résultat pour tester du « réel »	▶ **Attention** aux « meneurs » qui peuvent orienter l'expression du groupe !
Quanti	Entretien téléphonique	▶ Bonne analyse des comportements par typologie ▶ Quasi-certitude statistique	▶ Peu d'informations exploitables pour le pilotage des contenus ▶ Souvent bonne expression des freins, pas des envies
	Questionnaire autoadministré	Aucune	▶ Non représentativité des données récoltées ▶ Peu d'informations réellement exploitables ▶ Souvent source de contresens

Le dispositif optimum

Le dispositif idéal est évidemment un « panachage » des deux méthodologies, à savoir : une phase qualitative auprès d'une quinzaine de salariés afin d'identifier les attentes, les craintes et les freins, et de bâtir un guide d'entretien pertinent, l'ensemble étant confirmé par une phase quantitative auprès d'un panel représentatif de l'entreprise ou un focus groupe.

Figure 23 : Le dispositif optimum

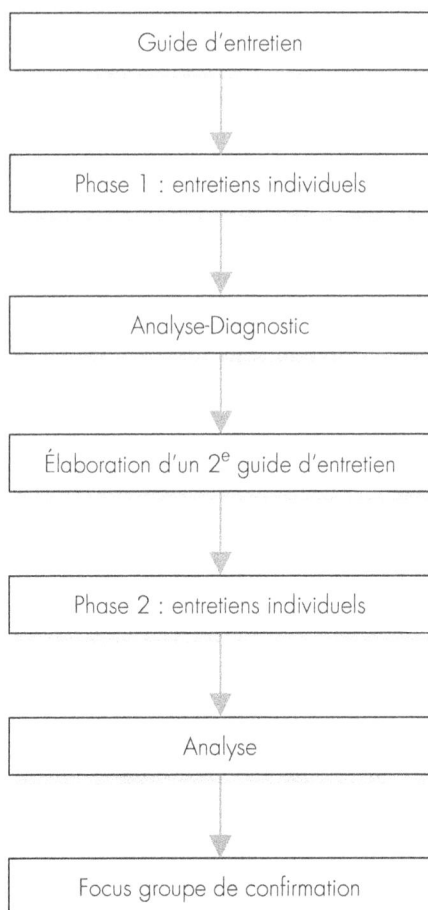

```
┌─────────────────────────────────────┐
│         Guide d'entretien            │
└─────────────────────────────────────┘
                  ▼
┌─────────────────────────────────────┐
│   Phase 1 : entretiens individuels   │
└─────────────────────────────────────┘
                  ▼
┌─────────────────────────────────────┐
│         Analyse-Diagnostic           │
└─────────────────────────────────────┘
                  ▼
┌─────────────────────────────────────┐
│  Élaboration d'un 2ᵉ guide d'entretien │
└─────────────────────────────────────┘
                  ▼
┌─────────────────────────────────────┐
│   Phase 2 : entretiens individuels   │
└─────────────────────────────────────┘
                  ▼
┌─────────────────────────────────────┐
│              Analyse                 │
└─────────────────────────────────────┘
                  ▼
┌─────────────────────────────────────┐
│    Focus groupe de confirmation      │
└─────────────────────────────────────┘
```

Et après ?

▶ L'audit n'est pas une fin en soi. Il faut savoir l'exploiter.

▶ Respecter les personnes interrogées passe par la publication et l'explication des principaux résultats.

▶ L'audit n'est qu'un point de départ de la décision et de l'action.

▶ Assumer les conséquences de l'audit est la condition *sine qua non* de la crédibilité d'un service de communication.

ANNEXE 2 : **Auto-contrôler ses publications avec des tableaux de bord**

On peut également analyser et suivre l'évolution de publications d'entreprise par des procédés de contrôle simples, gérables en interne. C'est la notion de tableaux de bord d'autocontrôle. Fondés sur l'analyse récurrente de contenus, ils permettent de :

▶ S'assurer de la cohérence et de l'équilibre des sujets en analysant la nature des informations publiées, les services ou départements traités, l'origine du sujet, la nature des personnes interviewées, etc.

▶ S'assurer du respect des partis pris éditoriaux, par exemple, en contrôlant les types de traitements définis, reportages, interviews, débats, comptes rendus, etc.

L'exemple suivant de tableau de bord est donné à titre indicatif. Il répond aux objectifs de communication d'un grand groupe industriel, définis à la suite d'une enquête de lectorat. Il permet d'évaluer un magazine mensuel représentatif des neuf sociétés constitutives du groupe.

La grille de lecture appliquée au journal interne permet de renseigner sur les items suivants :

▶ *Équilibre des domaines traités* : stratégie du groupe, chiffres-clés, thèmes transversaux (qualité, environnement, sécurité), technique et production, innovation R&D, management, ressources humaines, environnement extérieur, concurrence, terrain, initiatives.

▶ *Équilibre entre* : pays sociétés, branches, divisions, régions géographiques, sites, départements. Cet indicateur vise à vérifier la représentativité des entités du groupe.

▶ *Connotation des titres des articles* : il s'agit d'évaluer que le ton du journal, symbolisé par ses titres, est bien « informatif » et pas trop élogieux.

▶ *Réactivité à l'actualité* : cet indicateur est destiné à vérifier si les contenus proposés aux lecteurs sont bien en phase avec l'actualité du groupe et de ses sociétés.

▶ *Illustrations* : nombre et nature (personnes, sites et matériel, infographies, reproductions, dessins) afin de savoir si le « côté humain » est respecté selon l'objectif fixé.

▶ *Personnes citées, personnes nommées* : cet indicateur a une grande importance. Il mesure précisément un objectif : refléter la vie de l'entreprise et des personnes qui agissent, et pas seulement des dirigeants, avec un effet miroir, et donc une appropriation plus forte.

▶ *Sujets difficiles* : cet indicateur permet de savoir si le support est le reflet des sujets les plus gratifiants, ou bien s'il fait part des sujets difficiles et sensibles (crédibilité du discours).

▶ *Les principaux messages* : un certain nombre de messages délivrés aux lecteurs sont récurrents.

Tableau 7 : Exemple de grille sur l'item
« équilibre des domaines traités »

	Nombre d'articles consacrés à	Pourcentages
Stratégie, groupe, chiffres-clés	8	13,11
Thèmes transverses	4	6,55
Hommes et femmes	5	8,20
Produits et marques	6	9,80
Concurrence, environnement	12	19,60
Management, RH	10	16,40
Terrain, initiatives	12	19,79
Innovation, R&D	4	6,55
TOTAL	61	100,00

ANNEXE 3 : **Méthodologie de travail dans le cadre d'une consultation d'agences**

Le présent document a pour objet le déroulement des consultations d'agences par des entreprises du secteur privé ou public. Il doit être, pour les entreprises, une assurance de qualité des propositions et de pertinence des réponses, et pour les agences, le garant d'une bonne pratique déontologique.

Préambule

La méthodologie que nous proposons est conçue dans un esprit de partenariat entre les entreprises et les agences. Il s'agit de mettre en place des méthodes de travail optimisées pour répondre, au plus près, aux attentes des entreprises et aux besoins des agences, ceci dans un esprit d'ouverture et de confiance mutuelle, garant d'un résultat optimal.

1. La consultation

L'expression de la demande : remise d'un brief écrit

Chaque consultation doit faire l'objet d'un brief écrit détaillé. Ce brief doit être validé par l'ensemble des décisionnaires de l'entreprise. Il doit comporter *a minima* l'indication d'une fourchette tarifaire ainsi que le nom des agences sélectionnées.

Si des modifications interviennent (désistement ou ajout de prestataires), l'entreprise communique l'information aux agences consultées. Une fois le brief élaboré, il est présenté aux agences présélectionnées au cours d'un rendez-vous individuel.

L'engagement de confidentialité : la signature d'un accord

La signature d'un engagement de confidentialité peut être envisagée et faire l'objet d'un document signé en deux exemplaires, intégré en complément du brief.

Selon la nature de la consultation et de la problématique posée, l'entreprise peut demander aux agences consultées de l'informer des projets qu'elles ont réalisés pour les entreprises du même secteur d'activité.

Les critères de sélection : à préciser lors du brief

L'annonceur exprime, dès le brief, ses critères de sélection lui permettant de prendre sa décision (budget maximum, organisation, pertinence graphique et/ou éditoriale, etc.). Voir annexe 2 : exemple de grille avec critères de sélection.

2. La présentation du projet

Des délais à définir selon la problématique à traiter

L'agence répond à la consultation dans les délais définis par l'entreprise. Ces délais doivent être suffisants et adaptés selon la nature de la réponse attendue par l'entreprise (note de recommandation, réflexion stratégique, présentation de maquettes, etc.). À titre indicatif, ils peuvent s'échelonner de 15 jours à 4 semaines, voire plus. Il est important de s'assurer que les délais de réponse soient identiques pour toutes les agences.

Une approche équitable : présentation individuelle

L'entreprise se prépare à recevoir individuellement chaque équipe des agences dans les mêmes conditions (durée de la présentation, même équipe entreprise, présence du décisionnaire entreprise). La bonne exécution des résultats passe par une constance dans les différents acteurs du *process* (de la consultation à la réalisation du projet).

3. Réponse et indemnisation

Une réponse motivée : debrief pour chaque agence

L'entreprise donne une réponse motivée à partir des critères présentés lors du brief, et ceci à chaque agence, dans un délai défini au préalable. L'entreprise s'engage à restituer les maquettes présentées aux agences non retenues à l'issue de la consultation. Celles-ci restent la propriété de leurs créateurs, même en cas d'indemnisation.

Une indemnisation : à définir dès le brief

Une indemnisation des agences non retenues lors de la consultation est recommandée. Le montant en est alors précisé dans le brief.

Conclusion : utilisation de ce document

Les items du présent document sont donnés à titre indicatif. Il s'agit d'une trame qui peut s'adapter en fonction de la spécificité de la demande.

4. Plan de l'appel d'offres type

Présentation de l'agence
(demander une information similaire)
- Chiffres-clés (CA, effectifs, date de création, etc.)
- Clients et références

Contexte de l'entreprise
- Activité de l'entreprise
- Marché – concurrence
- Chiffres-clés
- Structure – organigramme
- Implantations
- Stratégie

Objectifs de la consultation

- Expression du besoin (la demande)
- Origine de la demande (direction générale, direction du marketing, de la communication, etc.)
- Stratégie de communication

Moyens actuels d'information

- Outils existants (supports, brochures, dépliants, vidéos, sites Internet, etc.)
- Moyens humains (qui fait quoi ?)
- Fonctionnement de l'équipe de communication

Le support en projet

A. Positionnement

- Contexte
- Objectif
- Cible
- Messages
- Tonalité

B. Contenu

- Type d'informations souhaitées (actualités, chiffres, événements, etc.)
- Rubricage
- Formes journalistiques (enquêtes, interviews, dossiers, reportages, portraits, brèves, people, tribune, édito, etc.)
- Iconographie
- Rapport texte/image

C. Caractéristiques techniques

- Pagination
- Format
- Tirage
- Papier
- Grammage
- Couvertures (1re et 4e)
- Titre
- Nombre de couleurs
- Nombre de langues (ou nombre d'éditions étrangères)
- Iconographie
- Charte et contraintes graphiques
- Présence de publicité
- Périodicité
- Contrainte de délai
- Mode de diffusion
- Livraison (nombre de points de livraison)
- Conditionnement
- Routage

D. Opérations de lancement

- Numéro zéro
- Test
- Promotion
- Annonce

Modalités contractuelles envisagées

Ce point est plus ici en termes de rappel, au cas où l'entreprise exigerait certaines conditions (contraintes) juridiques spécifiques (obligations de moyens, de résultats, etc.)

Fonctionnement – Répartition des rôles
(à préciser selon le cas)

Tableau 8 : Répartition des rôles

Tâches	Rôle de l'entreprise	Rôle de l'agence
Conception et charte éditoriale		
Création du titre		
Dépôt du titre		
Maquette (création)		
Dépôt légal		
Coordination		
Rétroplanning		
Animation du comité de rédaction		
Rédaction des articles		
Réécriture		
Validation		
Recherches iconographiques		
Reportages photographiques		
Dessins d'illustration		
Infographie		
Régie publicitaire		
Secrétariat de rédaction		
Maquette (exécution)		
Relecture/correction/révision		
Traduction		.../...

Tâches	Rôle de l'entreprise	Rôle de l'agence
Signature du B.A.G. puis du B.A.T.		
Suivi de fabrication		
Photogravure		
Papier (achat et stock)		
Impression		
Routage		
Distribution/affranchissement		

ANNEXE 4 : **Le contrat type**

« Définir précisément la prestation et l'étendue des droits cédés »

Comment entrer sans se tromper, de manière rapide, directe et précise, dans la pratique des contrats d'édition entre entreprises privées et agences ? L'UJJEF a élaboré un modèle de contrat type, simple et accessible à tous, à jour des dernières jurisprudences, supervisé par un avocat. Adapté à la réalisation de journaux internes, ces 12 articles font le tour de la question ; ces clauses peuvent être déclinées et adaptées au cas par cas, surtout pour les PME. Le modèle complet est à télécharger sur le site de l'UJJEF (voir rubrique « En savoir plus » en fin d'ouvrage).

Objet du contrat

Il correspond à la mission confiée à l'agence d'édition par l'entreprise. Il doit déterminer avec précision le produit sur lequel le contrat s'applique. L'indication du champ d'application territoriale est essentielle, notamment au regard de la clause de propriété intellectuelle.

À titre indicatif, ci-après le sommaire de l'intégralité du contrat type :

- Art. 1. Objet du contrat
- Art. 2. Prix et conditions de paiement
- Art. 3. Modalités de réalisation
- Art. 4. Propriété des résultats et droits d'auteur
- Art. 5. Clause de non-concurrence
- Art. 6. Confidentialité
- Art. 7. Personnes intervenant au titre du contrat
- Art. 8. Cession des droits
- Art. 9. Responsabilités

- Art. 10. Durée, résiliation
- Art. 11. Droit applicable
- Art. 12. Généralités

Modalités de réalisation

Le client tient à la disposition du prestataire toutes les informations qui contribuent à la bonne réalisation de l'objet du contrat. Le prestataire offre l'ensemble de ses services et constitue une équipe appropriée en quantité et en qualité. À ces fins, le client et le prestataire désignent, réciproquement, un interlocuteur privilégié ou coordonnateur pour assurer le dialogue dans les diverses étapes de la mission contractée.

Propriété des résultats et droits d'auteur : de convention écrite, la propriété de l'œuvre, réalisée en application du contrat, est attribuée au client. Le prestataire transfère au client tous les droits (patrimoniaux et extra-patrimoniaux) sur l'œuvre précitée : droit de reproduction, de représentation, de destination (version print et/ou web), de commercialisation, d'usage, de détention, d'adaptation, de traduction, et, plus généralement, tous droits d'exploitation. Le prestataire, pour sa part, s'interdit de faire état des résultats et de les utiliser de quelque manière, sauf à obtenir préalablement l'autorisation écrite du client.

Clause de non-concurrence : le prestataire communique à l'entreprise cliente la nature des prestations effectuées pour tous les clients qui travaillent dans le même secteur d'activité avant la signature et pendant la durée du contrat. La clause de non-concurrence peut être remplacée par une clause d'exclusivité dont la contrepartie financière aura été négociée.

Durée, résiliation : il faut opérer une distinction quant à la durée du contrat selon qu'il est conclu pour une durée déterminée ou indéterminée. Le contrat devra mettre l'accent sur un point important qui est celui de la durée du préavis. Dans le cadre de la réalisation de journaux, chacune des parties peut résilier le contrat à tout moment sous réserve d'un préavis minimum correspondant à l'édition d'un numéro plus un numéro en cours.

Prix et conditions de paiement : les prestations de l'agence d'édition liées à la création du journal et à la réalisation de chaque numéro sont chiffrées et figurent dans le contrat. Les frais techniques ainsi que les frais de déplacements effectués dans le cadre de la prestation de service après accord du client, feront l'objet d'un devis séparé. Le contrat stipule les conditions dans lesquelles le règlement de l'agence d'édition s'effectuera.

Les annexes à fournir

▶ Une description très précise des prestations telles que définies dans le cahier des charges.

▶ Un devis détaillé.

▶ Un calendrier.

Bibliographie

AGNÈS Yves et DURIER Michel, *L'entreprise sous presse*, Dunod, 1992.

AGNÈS Yves,
  Le grand bazar de l'info, Éditions Michalon, 2005.
  Manuel de journalisme : écrire pour le journal, La Découverte, 2002.

BEAL Jean-Pierre et LESTOCART Pierre-André, *Entre management et marketing : la communication interne*, Éditions Demos, 2003.

BORDEAU Jeanne, *L'art des relations presse*, Éditions d'Organisation, 2005.

BRAULT Lionel, *La Com*, Dunod, 1992.

CÉSAR Bruno et D'HERBEMONT Olivier, *La stratégie du projet latéral*, Dunod, 2004.

CLAUDE Jean-François, *Le management par les valeurs*, Éditions Liaisons, 2003.

DURAND Virginie, *Les métiers de la communication d'entreprise*, PUF, 1999.

DURIER Michel, *L'entreprise sous presse*, Dunod, 2007.

GINSBERG Gisèle, *Je hais les patrons*, Seuil, 2003.

KAPFERER Jean-Noël, *Les marques, capital de l'entreprise*, Éditions d'Organisation, 1998.

LIBAERT Thierry, *Le plan de communication*, Dunod, 2003.

MALANDAIN Thierry, *Les patrons*, Le Cavalier Bleu, 2004.

SICARD Marie-Claude,
  Les ressorts cachés du désir, Village Mondial, 2005.
  La métamorphose des marques, Éditions d'Organisation, 1998.

STIEGLER Bernard, *La télécratie contre la démocratie*, Flammarion, 2006.

TIXIER-GUICHARD Robert et CHAIZE Daniel, *Les Dircoms*, Seuil, 1993.

VARIOT Jean-François, *La marque post publicitaire*, Village Mondial, 2001.

WOLTON Dominique, *Il faut sauver la communication*, Flammarion, 2005.

Index

A

Appel d'offres 217
Audit 11, 75–76, 99, 107, 115, 207
Autonomie 19, 107, 177, 180

B

Best practices 15, 20, 106, 148
Blogs 17, 181, 188, 196
Bonnes pratiques 60, 197, 204
Boussole stratégique 102
Business units 15, 25, 74

C

Capitalisme 8
Censure 133, 136–137
Cibles 64, 80, 105, 115, 121, 162, 203
Circuits virtuels 33
Collectivités 20, 201
Communautarisme 19
Communauté 16, 19, 169, 176, 184, 188

Communicants 2–3, 9, 11, 21, 25, 51, 59, 74, 91, 104, 131, 153, 160, 176
Communication externe 19, 31
Compétences 9, 15, 53, 55, 60, 74, 94, 106, 121, 176
Concurrence 14, 35, 38, 77, 126, 164, 172, 189, 203–204, 206, 213, 217, 222–223
Conflits 8, 58, 180
Conseil d'administration 49
Consommateurs 1, 9, 24, 27, 38, 81, 88, 91, 95, 101, 144, 164, 176, 189
Consultation 49, 109, 145, 184, 187, 193, 215
Contrat 222
~ social 1, 16, 28, 59, 75
Coopération 8, 14, 56
Corporate 20, 40, 93, 109, 145, 167, 172, 185, 203
Crise 11, 14, 28–30, 33, 46, 57–58, 96, 133, 181
Culture transversale 18

D

Décideurs 11, 25
Délocalisations 9, 34
Dircom 2, 16, 31, 54, 67, 169

E

Échanges 7, 15–16, 39, 56, 60,
  198–199
École de Palo Alto 6
Économie 8, 34, 74, 81, 106,
  123, 127, 169, 196
Éducation 8, 159
Enquête d'opinion 207
Extranet 185, 188, 203, 206

F

Facilitateur 18, 57, 199
Fonction
  ~ boussole 63
  ~ miroir 63
  ~ repère 63
Forces sociales 83
Fracture numérique 175

H

Hiérarchie 9, 26, 48, 57, 86,
  100, 133, 135, 184, 195

I

Information d'entreprise 8, 20,
  163
Informatique 8, 46, 81–82, 177,
  186, 206

Innovation
Innovation 9, 54, 56, 165, 173,
  213
Internationalisation 24, 171
Internet 16, 29, 62, 79, 85, 96,
  114, 144, 163, 167, 179, 181,
  185, 189, 195–196, 204, 218
Intranet 2, 20, 39, 45–46, 59,
  64, 79, 104, 107, 113–114,
  132, 142–143, 152, 155, 162,
  166, 170, 174–176, 179, 182,
  184–185, 187–188, 190, 193,
  196, 198, 208

J

Journal interne 10, 20, 59, 64,
  68, 72, 84, 99, 101, 104, 109,
  113, 115, 134, 141, 158, 208,
  213
Journalisme 6, 132, 152, 179,
  181

K

Knowledge management 18, 188,
  200

L

Langue de bois 2, 13, 18, 52, 59,
  69, 132, 184, 197
Logistique 25, 55, 127, 176,
  186
Lois de proximité 151

M

Magazine d'entreprise 148, 150

Management 1, 6, 11–12,
16–17, 20, 26, 32–33, 44, 52,
57–58, 60, 65, 94, 105, 128,
133, 135, 175, 179, 199, 206,
213

Marchés 14, 26, 34, 36, 38, 50,
63, 73, 76, 79, 127, 161, 167,
204

Marketing 8, 17, 25, 29, 36, 54,
64, 88–89, 91, 100, 144, 166,
203–204, 207, 218

Médias 1, 19, 29, 37, 49–50, 62,
64, 69, 79, 96, 105, 108, 113,
138, 143, 155, 163, 179–182,
185, 189

Message unique 64

Missions 3, 5, 44, 47, 67, 72, 81,
157, 161, 182

Mlogs 196

Mondialisation 9, 23, 25, 39,
120

O

Organigramme 1, 8, 15, 25, 75,
217

Organisations 1, 7, 11, 14, 20,
25, 157

Outils de communication 35,
80, 105, 108, 114, 159, 166,
203, 206

P

Parité 74, 126, 154

Patrons 8, 26, 28, 37

Plan de communication 2, 7, 38,
64, 71–72, 74, 77–78, 80, 83,
96–97, 103, 168

Plus-value 192

Posture relationnelle 84, 183,
194

Prisme d'identité 80, 87, 146

Process 9, 11, 45, 58, 106, 157,
166–167, 207, 216

Publications 21, 69, 116, 127,
138, 170, 173, 213

Publics 14, 41, 49, 52, 58, 64,
71, 75, 80, 105, 132, 138, 176,
184, 188

Pyramide des âges 37, 72, 74,
79, 94, 171

R

Ré-engeniering 11

Relais d'opinion 59

Réseaux 17, 45, 59, 62, 114,
179, 201

Ressources humaines 6, 9, 13,
54, 160, 213

Réunions 12, 39, 46, 64, 76, 83,
119, 137, 154, 171, 180

Réussite 64, 156, 168

Risques 26, 50, 56

Rumeurs 7, 48, 50, 58, 60, 134,
152

S

Salariés 1, 3, 9, 11–12, 14, 17, 19, 23, 25–27, 36, 43, 50, 53–54, 57–59, 61, 64, 74, 85, 93, 102, 106, 133, 136, 146, 148, 160, 176–177, 181, 183–184, 188, 199, 208–209

Seniors 74, 182

Slogans 15

Stratégie
    ~ d'entreprise 1, 67
    ~ d'organisation 74
    ~ de communication 71, 218
    ~ de développement 73, 75, 106
    ~ des ressources humaines 74
    ~ industrielle 74
    ~ produit et marketing 73
    ~ relationnelle 71, 83

Stress 26, 56

Symboles 60

T

Tableaux de bord 34, 213

Technologies 3, 17, 25, 33, 68, 76, 94–95, 175, 177, 185, 196, 200, 206

Terroir 27, 37, 41, 63–64, 82

Turn-over 107, 120

U

Unités de conviction 107–108

V

Valeurs 15, 17–18, 24, 44, 46, 53, 56, 68, 71, 77, 88, 92, 103, 106, 124, 136, 159, 165, 168, 169
    ~ d'entreprise 54, 64–65

Vlogs 196

Index des figures
et des tableaux

Figure 1 : La pyramide des objectifs des années 80-90 36
Figure 2 : Les pyramides des objectifs des années 2000 38
Figure 3 : Le risque de surdité 51
Figure 4 : Les fonctions primaires de la communication
           interne 63
Figure 5 : Les objectifs à l'intersection de 3 ensembles 73
Figure 6 : Du neutre à l'hésitant, la posture relationnelle.... 84
Figure 7 : L'information en fonction de la posture
           relationnelle 87
Figure 8 : Le prisme d'identité d'entreprise 94
Figure 9 : Le prisme du journal d'entreprise 98
Figure 10 : Prisme d'identité d'un journal interne initial 101
Figure 11 : Prisme d'identité d'un journal interne révisé 102
Figure 12 : La boussole stratégique de communication
           interne 103
Figure 13 : Exemples d'unités de conviction 108
Figure 14 : Analyse des thématiques de discours en fonction
           de leur nature et de leur durée de pertinence 112
Figure 15 : Des thématiques aux médias et supports 113
Figure 16 : La boussole stratégique McDonald's 130
Figure 17 : La pyramide type magazine d'entreprise 150
Figure 18 : Les lois de proximité 153

Figure 19 : Schéma de la courbe d'évolution de la formule....   160
Figure 20 : Les grandes fonctions actuelles de l'intranet........   190
Figure 21 : L'équation de la valeur d'usage
          d'une information   192
Figure 22 : Proposition de hiérarchie de l'information :
          organisation d'une home page web magazine......   195
Figure 23 : Le dispositif optimum   211

Tableau 1 : Classement des thématiques et des supports   110
Tableau 2 : Choisir ses outils de communication....................   114
Tableau 3 : L'approche par objectifs.......................................   116
Tableau 4 : L'approche par outils   117
Tableau 5 : Une transformation des traitements
          journalistiques...   182
Tableau 6 : Forces et faiblesses   210
Tableau 7 : Exemple de grille sur l'item
          « équilibre des domaines traités »   214
Tableau 8 : Répartition des rôles..   220

www.ingramcontent.com/pod-product-compliance
Lightning Source LLC
Chambersburg PA
CBHW061155220326
41599CB00025B/4488